Dedicado a:

_____

_____

_____

_____

_____

Para: _____

De: _____

Fecha: _____

JVH PUBLICATIONS

EL TRANSHUMANISMO Y LA GENÉTICA

COMO EN LOS DÍAS DE NOÉ

ADN, CLONACIÓN, SINGULARIDAD, EUGENESIA, EL RETORNO DE LOS NEFILIM Y LA NUEVA DIMENSIÓN DE LA GUERRA ESPIRITUAL

DR. JOSE ZAPICO Y ESTEBAN ZAPICO

Publicado por
JVH Publications
11830 Miramar Pwky
Miramar, Fl. 33025
Derechos reservados

© 2014 JVH Publications (Spanish edition)
Segunda Edición 2014
© 2014 Jose Zapico © 2014 Esteban Zapico
Todos los derechos reservados.

ISBN 1-59900-034-2

Diseño de la portada e interior: Esteban Zapico y Lidia Zapico
Imágenes e ilustraciones: Usadas con permiso de
Shutterstock.com.y Wikipedia.org
Impreso en USA
Printed in USA

Categoría: Escatología

ÍNDICE

PRÓLOGO

Este libro que tienes en tu mano escrito por el Apóstol Dr. José Zapico, trae consigo tremenda visión bíblica y profética concerniente al tema "Transhumanismo" del cual muy poco se ha hablado en estos días y por lo cual existe la necesidad de darlo a conocer.

Sin lugar a dudas creo que ese ha sido una de las razones profundas que ha llevado al Dr. Zapico a invertir gran tiempo de estudio de la palabra, especialmente en lo profético, y en horas de investigaciones para poder plasmar para ti la explicación amplia de las cosas que son consideradas ocultas para la mayoría de la humanidad.

Este libro te abrirá el entendimiento para conocer en que tiempo hemos entrado, es decir, qué significa los avances científicos que hoy anuncian los medios de comunicación entre ellos el mejoramiento y perfeccionamiento humano. De tal manera que nos sorprende ver el adelanto y avance de la misma ciencia. Las cosas que aportan hoy que en forma transcendental producen cambios radicales para la humanidad.

Y que solo podemos comprender la verdadera motivación espiritual, cuando hay alguien que se atreve a desenmascarar las obras de las tinieblas como lo hace el Dr. Apóstol José Zapico y que plasma de manera magistral, apostólica y profética en esta obra maestra.

Por lo que creo que Dios le permitirá al lector entender el contenido de este libro y creará una gran expectativa e interés para saber más del tema.

Personalmente recomiendo a todo creyente que ama la verdad de Dios y que invierte en su formación espiritual y/o ministerial que considere este libro que tiene en sus manos como una herramienta valiosa para conocer y enseñar a otros acerca del tema.

Resalto nuevamente lo arduo de la investigación y lo profundo de la revelación de parte de Dios; son elementos que se complementan para darle forma al contenido de "El Transhumanismo". Y estos elementos, por gracia, han sido puestos en la mano del Apóstol Zapico que con su larga trayectoria en la exposición de temas de Tiempos Finales son un importante aporte a la Iglesia de Cristo en esta recta final antes de la Venida de nuestro Señor Jesucristo. Por lo tanto, damos gracias y oramos a nuestro buen Dios para que durante todo el desarrollo de la lectura de este libro quede impregnado el conocimiento recopilado que servirá para alcanzar mayores niveles en cuanto al crecimiento espiritual se refiere.

Este conocimiento adquirido traerá luz para

enfrentar el momento en que la ciencia introduzca nuevas formas de alterar la vida de tal manera que atenten aun en contra de los diseños originales de parte de Dios en relación al engendramiento y a la concepción, porque no podemos pasar por alto el hecho de que ya están vigentes métodos que tratan de suplantar lo establecido por Dios, podemos ver el ejemplo de las clonaciones, inseminación artificial y otros. Impacta en gran manera ver que hoy en día la ciencia ha comprobado que los genes biológicos del ser humano aun contienen la información de tipo espiritual.

Entonces surge la interrogante: ¿Qué más aún está por verse en cuanto a esos avances científicos? Es necesario conocer a fondo en qué nivel van esos adelantos y este libro es una herramienta importante para saber más aún.

Por lo tanto, hago énfasis al hecho de la preparación y formación de tipo espiritual que todo creyente debe anhelar, es más; este libro es útil equipamiento para ministros que deben ir una milla extra más allá que todas sus ovejas en relación al conocimiento de las cosas que ya están sucediendo y que no nos deben tomar por sorpresa, son importantes tópicos también que al desconocerlos traen desventaja en relación al enemigo de nuestras almas, ya que la ignorancia en este tiempo final jugará un papel importante en contribución a un gran número de creyentes que no alcanzaran la estatura espiritual para formar parte de los escogido arrebatados.

Este no es un libro más, sino un mensaje profético y estratégico que ayudará a comprender donde estamos y hacia dónde va la humanidad y que todo aquel que lo lea y considere el contenido, lo deberá leer y entender a través de los ojos del testimonio de nuestros Señor Jesucristo, quién es el Espíritu de la profecía.

Mario H. Rivera
Apóstol de Jesucristo
Llamados a Conquistar
Portland – Oregon
USA

INTRODUCCIÓN

Hoy más que nunca la humanidad entera se enfrenta al desconocimiento de no percibir que existen muchas puertas prohibidas, por la que es un peligro entrar, por no entender a donde puede deparar todo esto, como ser la ingeniería genética, robótica, inteligencia artificial, biología sintética, nanotecnología, transhumanismo y el mejoramiento humano, por medio de la eugenesia y el posthumanismo, todo esto sin lugar a duda está produciendo el amanecer de una dimensión nueva en lo que se refiere a la Guerra Espiritual Tecno-dimensional.

El Enemigo se oculta tras todos estos movimientos con nuevas ideologías, haciendo que exista una confrontación en los territorios entre la luz verdadera y las tinieblas hostiles del engaño y la maldad. Es de notar que las estrategias de la tinieblas manifiestan una destrucción sobre un mundo natural por medio de las siguientes condiciones que son reales:

> ➢ Guerras
> ➢ Genocidio
> ➢ Terrorismo
> ➢ Persecución de los Cristianos
> ➢ Divorcios
> ➢ Delincuencia Juvenil
> ➢ Ocultismo

Y cientos de otras demostraciones tangibles de la influencia infernal. Mientras que millones de seres humanos pueda que nunca entienda que este ataque sobre sus intereses corporales es fundamental, siendo estos los efectos y planes que se elaboran y se proyectan desde las esferas espirituales.

La creación de Dios intenta ser tomada o atrapada por fuerzas de maldad y tinieblas, muy hostiles que intentan creer que pueden destruir el plan correcto que Dios tiene para todo lo que Él ha creado.

La verdad revelada tanto en el Antiguo y Nuevo Testamento es que la tierra está virtualmente rodeada por fuerzas de destrucción y que el mal y el sufrimiento ocurren a causa de este asedio diabólico. Es por eso la responsabilidad de cada verdadero cristiano nacido de nuevo, entender la necesidad de ponerse la armadura de Dios , conforme se le revela al Apóstol Pablo cuando lo menciona determinantemente en Efesios 6: 11 al 13.

El libro del profeta Daniel 10 es considerado como una de las escrituras más importantes que tienen que ver con la guerra espiritual, es la actividad inter-dimensional.

Aquí es donde Daniel ora y ayuna por 21 días, él se había propuesto a humillarse delante del Señor esperando en la respuesta que Dios le iba a bendecir con la revelación del futuro de Israel.

Mientras estaba parado frente al Río Tigris se le apareció un Ángel y le dijo Daniel 10:12. ¿Si el mensajero fue enviado desde el cielo, desde el primer día, porque se demoró tres semanas en llegar a él?

El ángel provee la respuesta explicando que un principado demoniaco de Persa se le había opuesto a él por 21 días, y no fue hasta que el Arcángel Miguel le asistió en la batalla que el ángel pudo llegar a Daniel.

El libro del profeta Daniel describe poderes activados por los principados de las tinieblas trabajando detrás de cada imperio, revelándonos Dios mismo que principados, gobernadores de tinieblas, potestades o huestes demoniacas pueden controlar no solo individuos sino también territorios.

Es notorio que muchas de las doctrinas populares celebradas en el día de hoy, clandestinamente encubren el ocultismo antiguo místico y pagano, escondiéndolo detrás de la teología de la prosperidad sin Cristo, llevada por el potencial humano con mezcla del budismo y otras tradiciones ocultistas, donde también se incluye esta siguientes teologías:

Como mensajes de ayuda propia, teología sin Dios, domionismo, y la elevación del hombre o del yo. En vez de vivir por la fe como lo manifiesta las escrituras, centrados en la Persona de Jesucristo y expresado por medio de la obediencia, entrega y fidelidad personal.

Líderes de la Iglesia emergente atraen o llevan a sus congregaciones con mensajes seductivos, con emocionantes beneficios materiales, los cuales históricamente son mostrados como las llaves, abrir puertas o abrir portales para formar pactos, con fuerzas fáusticas o sea vender el alma por recibir beneficios materiales en la vida.

Quiero llamar la atención por medio de este libro de como los cristianos pueden defenderse contra las maquinaciones de las nuevas ciencias, como ser, el transhumanismo, la ingeniería genética, alimentación transgénica, nanotecnología y demás, la respuesta es haciendo que los verdaderos cristianos ponga en práctica estas tres cosas importantes.

1. Incrementar el conocimiento

Aprender la naturaleza y el propósito de estas nuevas ciencias, conocer cómo se manifiestan, la gente y las organizaciones involucradas, el vocabulario que utilizan y a donde ir para encontrar información actual sobre el tema.

2. Incrementar la sabiduría

Aprender que es lo que la Palabra de Dios dice sobre estas nuevas ciencias, primero entender que el único y verdadero Dios creador de los cielos y la tierra y todo lo que en ellos hay incluyendo a todos los seres humanos, es el que gobierna sobre todas las circunstancias hoy y siempre.

También tenemos que saber que la Biblia anticipa todo y enseña cómo lidiar con todo esto.

3. Incrementar el discernimiento

Ser consciente y conocer como descubrir los frutos de estas nuevas ciencias, y como aprender los pasos apropiados para despojarlos de su poder.

A pesar de las consecuencias horribles negativas, la perspectiva de la construcción de todo estos movimientos producen en la mayoría de los seres humanos un estado de temor, pánico e inseguridad en el hoy y aun mayor ansiedad en el futuro, más cuando se habla de:

> Humanos mejorados.
> Comidas genéticamente modificadas.
> Biología sintética.
> Pantentamiento de nuevas formas de vida (especies).
> Derechos de animales.
> Clones de humanos.
> Quimeras e híbridos
> Redefiniendo los derechos humanos y animales.
> Nanotecnología y cibernética.
> Eugenesia, transhumanismo y post-humanismo.

> ➤ Ingeniería Genética en línea germinal.
> ➤ Escenarios de cielo e Infierno.

Es menester entender lo que existe y se mueve detrás del movimiento del Transhumanismo, esto te llevará a reflexionar profundamente acerca de cómo fueron los días de Noé, cuando aparecieron los gigantes llamados los *Nefilim* en la tierra. Jesús declaró proféticamente que los días de su Segunda Venida a la tierra, estará demarcado como esos días del Génesis, Él mismo declaro que serían como señales.

Hoy se está viendo una nueva fase Transhumanista en lo que implica la Guerra Espiritual; es de notar que las fuerzas e instigaciones diabólicas están en los detalles de todo esto.

Millones están siendo asaltados de frente en lo interior de su ser, el mal se encamina en forma ilimitada, las mentes están siendo atacadas y oprimidas como nunca antes, por pesadillas, infectándolas con lo más degradante y perverso.

La segunda señal de los días de Noé, es que se debe de predicar la verdad y la justicia.
La tercera señal, es la verdad de que no todos los ángeles fueron los caídos. Dios mando ángeles fieles que entregaron mensajes con guía a hombres, dándole fuerza, ánimo, y protección para que predicaran acerca de la justicia Divina.

Te invito a que continúes leyendo este libro para que finalmente tengas una clara y definitiva visión de entender quien prevalecerá por encima de todo.

El Autor

CAPÍTULO 1

¿CUÁNDO COMIENZA LA VIDA?

El escribir acerca de la ingeniería genética, su objetivo y desafío en medio de la sociedad en que estamos viviendo en pleno siglo 21, es entrar a considerar uno de los muchos temas que deben de preocupar a la humanidad en estos mismo momentos. Mientras se batalla para llegar a términos con innumerables problemas inmorales muy difíciles, hoy más que nunca, al mencionarse estos descubrimientos de la ciencia, la mayoría de la gente piensa en clonación, pero hay mucho más por considerar.

Ahora, quiero enfatizar que lo que voy a compartir en este libro ha sido bien investigado y descrito. Y todos estos temas están comparados y percibidos desde una perspectiva totalmente bíblica y profética.

Bien, aún antes de que aborde el tema y el tipo de investigación acerca de la ingeniería genética que está ocurriendo en el mundo actual, es importante que reflexiones y revises la primera y más importante pregunta relacionada con estos asuntos. Debes de preguntarte y a la vez conocer, ¿Cuándo comienza la vida?

Como cristiano, creo que la vida comienza al momento de la concepción, creo que la ciencia y la filosofía también apuntan hacia esta verdad, aunque por otra parte muchos la rechazan y la niegan.

A veces escucharás a la gente de pro-elección describir algo que ellos llaman un óvulo fertilizado. Utilizan este término para describir a la entidad que resulta del esperma penetrando en el óvulo. Pero existe un problema con este término, es que no hay tal cosa como un óvulo fertilizado. Una vez que el óvulo es penetrado por el esperma, el óvulo cesa de existir. Tan pronto como ocurre la unión, tanto el esperma como el óvulo mueren conjuntamente. No hay esperma y no hay óvulo. Algo nuevo ha comenzado, llamado una nueva vida, un nuevo ser humano, que se está formando dentro del útero de la mujer. En ciencia, se llama a esto un cambio ontológico. Las anteriores formas de vida han muerto y algo nuevo ha comenzado.

¿Cigoto? ¿Embrión? ¿Persona?

Así que ¿cómo debieran llamar los científicos a esta nueva forma de vida? Bueno, algunos la llaman un cigoto y algunos la llaman embrión. Pero estos términos tan solo son nombres que requieren de un adjetivo para identificarlos.

¿Son cigotos de perro, o embriones de gato? No, ellos necesitan el adjetivo humano para identificarlos correctamente. Y esa es una verdad muy interesante.

Una vez que se ha colocado el adjetivo humano al frente de estos nombres, se puede ver la identidad verdadera de esta nueva forma de vida.

Como ves, esto ya no es ni esperma, ni óvulo. Esto es un ser humano. Te das cuenta, que el verdadero problema aquí, surge cuando se decide que esta pequeña vida es una persona ¿Cuándo estarán de acuerdo en que la nueva forma de vida tiene algo que se llama una persona?

Muchos son los que dicen que el ser una persona se basa en la suma de las partes.

Bueno, debes darte cuenta de que no tienes que verte como un adulto crecido, o funcionar como un perfecto espécimen humano para ser considerado como una persona. Ahora, ya se han encontrado con el primer gran argumento de muchos de los que promueven la ingeniería genética. Mucha gente en la comunidad científica no creen que sean seres humanos hasta que todas las partes físicas estén formadas y funcionen. A propósito, ellos argumentan que las máquinas con partes funcionales deben ser consideradas como personas. Miren lo que dice Paul Churchland, un autoproclamado filósofo y científico conocedor, acerca de este asunto:

"Cuando las computadoras sean capaces de funcionar al mismo nivel que los humanos, solo un fanático racial les negará todos los derechos de una persona."

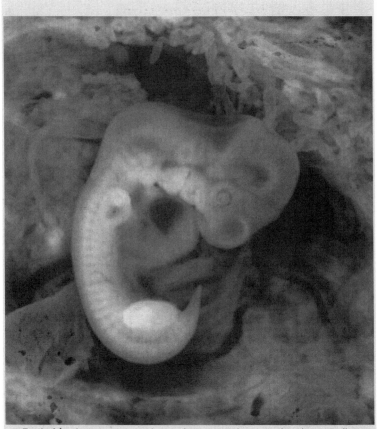

Embrión humano en las primeras etapas de desarrollo.

Como ves, a muchos en la comunidad científica les gustaría que creyeran que ser una persona se basa en la suma de las partes. Si tienen todas las partes, son personas, si no, entonces son algo menos que humanos. Ahora, aquí está el problema. Es claro que los embriones tienen un par de partes que, o les faltan o no funcionan en absoluto. Una de estas es lo que se llama autoconciencia que es la habilidad para entender quién es, lo que le rodea, y tener un seguimiento de la vida día a día.

La otra parte es simplemente la actividad de ondas cerebrales. Ahora, el argumento puede basarse, puesto que los embriones no tienen funcionando estas dos partes, simplemente no son humanos. Comenzaré a describir el hecho de la autoconciencia.

Autoconciencia

Esto es descrito a menudo como una cuestión de intelecto. Observa que el argumento es que, el ser una persona, está determinado en gran parte por el intelecto, o la habilidad para razonar respecto a lo que le rodea. Bien, los embriones no son los únicos miembros de la familia humana que tienen una parte faltante o sin funcionar en esta área. ¿No te has puesto a ver a un abuelo de edad avanzada? Muchos son los que han reconocido que cuando ven a las personas envejecer, a menudo regresan a niveles intelectuales de la etapa embrionaria.

De hecho si se pudiera registrar la autoconciencia en una curva de campana, verías que llegaría a la cúspide en los años adultos y luego regresa a niveles infantiles mientras las personas se hacen muy ancianas.

En conclusión, ¿las personas de edad son menos

humanas que la gente con sus plenas facultades? ¿Son aún humanos los bisabuelos en sus meses finales? ¿Todavía son personas? Desde luego que lo son. De muchas maneras, su auto conciencia se está desvaneciendo. Pero estoy plenamente convencido de que aún siguen siendo una persona.

Actividad de ondas cerebrales

¿Qué sucede si se pierde esta parte tan importante? ¿Se seguirá siendo humano? ¿Continuará siendo una persona?

Muchos científicos argumentarían que no es humano hasta que tenga actividad de ondas cerebrales, pero si conoces a alguien así, seguramente no querrás dormir cerca de ellos. Cuando se duerme está comprobado científicamente, que la actividad de las ondas cerebrales cambia dramáticamente y a menudo está ausente de muchas maneras. En los ámbitos espirituales también es reconocido que el cuerpo humano está más cercano a la misma muerte por causa de esta falta de estímulo cerebral exactamente a las 3:33 am (cuando duerme). Es precisamente a esta hora que la mayoría de las "abducciones alienígenas" ocurren. Claramente, sabemos que no son extraterrestres los que llevan a cabo estos actos, sino que son agentes de las tinieblas lo cuáles toman forma física cuando atraviesan de la cuarta dimensión (Bíblicamente conocido como el mundo espiritual) al mundo físico. Pero hablaremos de este tema más adelante.

Así que, ¿solo serías humano cuando estas despierto? Desde luego que no; sin embargo, la actividad de las ondas cerebrales de una persona que duerme, es muy similar a la actividad de ondas cerebrales de un nonato. No negarás la humanidad de alguien que duerme, así que ¿por qué esta gente quiere negarle a un bebé nonato el derecho a ser una persona?

¿El Ser Una Persona se Basa en la Funcionalidad?

Ahora, examinaré otra forma frecuente en que los científicos quieren definir lo que es una persona. Muchos aducirán que el nonato no es una persona porque no puede funcionar completa o apropiadamente. Señalan que la funcionalidad es lo que te hace humano, mas comparemos a un par de infantes.

Veamos a un ternero. Esta pequeña criatura relativamente tiene un alto nivel de funcionalidad desde muy temprana edad. Dentro de los minutos seguidos a su nacimiento, es capaz de caminar, interactuar con otros, encontrar su propia fuente de alimento y experimentar el mundo de una forma plena y rica.

Ahora, un infante humano es una cosa

totalmente diferente. El infante humano es totalmente dependiente, no puede funcionar para nada por sí mismo, y no tiene idea de lo que está sucediendo. Entonces, ¿cuál de estas dos criaturas pertenece al establo? Es claro reconocer que la funcionalidad no tiene nada que ver con ser humano.

No se puede determinar la humanidad basados en la funcionalidad actual sino en la inherente habilidad funcional. A muchos años de hoy, la ternera seguirá siendo solo una vaca, a pesar de su aparente ventajoso inicio de la infancia, sin embargo en años futuros, el infante podrá ser un granjero si quiere, o la profesión que determine tener.

¿El Ser Una Persona se Basa en la Forma o el Desarrollo?

Bien, ahora veamos una de las últimas formas en que muchos científicos e ingenieros en genética determinan lo que es una persona. Mucha de esta gente no duda de que el ser o no persona está determinado por la forma. Sé que eso suena a locura, pero Mary Tyler Moor una vez apareció frente al Congreso y argumentó que la investigación con células madres debía hacerse con embriones humanos porque ellos ni siquiera se veían como humanos. Dijo que parecían más peces que humanos. Esta clase de lógica arguye que tenemos el derecho de hacer lo que deseemos con esas cosas que no se parecen a nosotros.

Bueno, ya sabes a dónde puede conducirlos esa clase de pensamiento. Después de todo, ya se ha visto antes. Hitler deseaba un mundo en el que una raza aria, perfecta y superior (hasta genéticamente modificada), gobernaría sobre toda la humanidad desplazando a las otras razas como inferiores y no deseadas. Hasta consideraban a los japoneses, (cuyos fueron aliados de Hitler hasta el final), una raza inferior a la aria. La raza judía, para ellos era aún peor en sus ojos y por eso debía ser exterminada.

Cuando se cree que el embrión puede ser tratado diferente porque se ve diferente, los seres humanos comienzan a ir por el mismo camino que justifica el racismo, antisemitismo y el prejuicio. Así, se encuentra hoy el mundo con el problema de pensar que una forma de desarrollo humano es menos humano que en otra etapa del desarrollo. Mientras que un bebé humano ciertamente se ve diferente a un adulto humano, ambos son humanos. Muchos se confunden por las percepciones comunes que les han enseñado en la naturaleza. Ahora, a pesar de todo su argumento de que los embriones no son personas o humanos, aún estos científicos se conducen como si supieran que los embriones son tan humanos como el resto de nosotros.
Científicos de la Universidad de Edimburgo ciertamente están abortando del útero a fetos

femeninos de 10 semanas de edad, para abrir sus ovarios y obtener óvulos, que posteriormente implantarán en mujeres que son infértiles. ¿Te das cuenta de lo que están haciendo hoy en el mundo bajo el seudónimo llamado ciencia?

Hoy se está imponiendo la prohibición de la maternidad en embriones a quienes han negado el derecho de ser "personas". A pesar de lo que ellos digan, estos científicos se están comportando como si ellos entendieran que estos embriones no pueden ser seres humanos, poseyendo la habilidad de reproducirse en más humanos.

Hace muchos años, se firmó un proyecto de ley que dice que si una mujer embarazada es víctima de un homicidio, y si su hijo nonato también muere, el asesino es responsable de dos homicidios. Por definición, un homicidio es la muerte de un ser humano causada por otra persona, así que esta ley claramente establece el hecho de que el nonato es humano. ¿Cómo entonces, es posible que hoy se rechace esta gran verdad que es un hecho indiscutible?

Tipos de Ingeniería Genética

Cuando se menciona la ingeniería genética de hoy, nos podemos enfocar rápidamente en tres grandes áreas de la investigación y la ciencia que parecen abarcar casi todo:

1. La Inseminación Artificial

20

2. La Clonación
3. La Investigación con Células Madre Embrionarias.

Ahora, el tema fundamental a examinar aquí no es tanto el que la humanidad haya entrado ahora en el negocio de la "creación de la vida", lo cual analizaré más adelante. Sino que, creo que lo que más desagrada a Dios, no es el hecho de cómo se inicia la vida, sino la forma tan descuidada en que otros seres humanos, ponen fin a la vida.

Diferentes Tipos de Inseminación

Aportación dada por el Doctor en Urología y Andrología Edison A. de León Morales, especializado en reproducción asistida humana:

1.- Inseminación Artificial

La inseminación Artificial es llamada una técnica de reproducción asistida de baja complejidad. Consiste en hacer una estimulación ovárica para una mayor ovulación a la mujer por medio de medicamentos, con la idea de que se produzca más de un ovulo en ese ciclo reproductivo, se realiza un seguimiento folicular por medio de ultrasonido y luego se provoca la ovulación. El varón provee la muestra de semen el cual es preparado en el laboratorio por un biólogo, en este proceso se realiza una capacitación y se seleccionan de los espermatozoides de mejor movilidad y luego se coloca en una jeringa;

finalmente por medio de una cánula (ver figura) se procede a "inseminar", es decir a inyectar el semen dentro del útero. La fecundación ocurre dentro de la mujer y es de una manera similar como ocurriría en un embarazo normal. En esta técnica no existe relación sexual. Cuando el esposo es quien provee el semen se le llama inseminación artificial conyugal IAC o cuando el semen lo provee un donante se llama inseminación artificial de donante IAD.

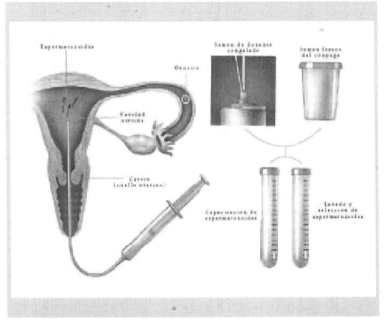

1.- Fertilización in vitro (FIV)

Esta es considerada una técnica de reproducción asistida de alta complejidad. En esta se realiza una estimulación ovárica para estimular una mayor y mejor ovulación, se realiza un seguimiento folicular por medio de ultrasonido y en su momento se procede a la aspiración de los óvulos, los cuales son colocados en recipientes de vidrio (de ahí el nombre in vitro que viene del latín "en vidrio") y se colocan junto a la muestra de semen la cual igualmente ha sido preparada y capacitada en donde se seleccionaron los espermatozoides de mejor calidad y movilidad, la fecundación ocurre al azar, se colocan todos los óvulos aspirados, los cuales pueden llegar a ser muchos y los espermatozoides fecundan los óvulos, se realiza una observación durante 2 a 5 días para ver la maduración de los embriones y luego los mejores embriones, es decir, los que tengan mejor división celular son tomados y transferidos al útero esperando que ocurra la implantación embrionaria en el endometrio uterino e iniciar el embarazo. Es de destacar que en esta técnica varios embriones no son transferidos y se proceden a congelar quedando a merced del tiempo y de la decisión de los "padres" el procedimiento a realizar con los mismos el cual puede ser: utilizarlos más adelante para tener un nuevo hijo, donarlos a otra pareja con problemas de fertilidad o descartarlos. Cualquiera de los caminos que deparan a estos embriones son un problema de ética y valores a los cuales nos enfrentamos hoy en día.

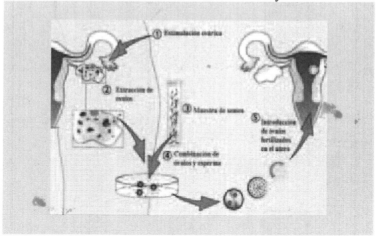

3.- Inyección Intracitoplasmática del Espermatozoide (ICSI)

Al igual que FIV es una técnica de reproducción asistida de alta complejidad la inyección intracitoplásmatica del espermatozoide también lo es. Todo el proceso de estimulación ovárica, aspiración de óvulos es el mismo que en FIV, pero a diferencia de esta los espermatozoides son inyectados directamente dentro del citoplasma del ovulo. A grandes rasgos el proceso es el siguiente: luego de la aspiración de los óvulos el biólogo selecciona un espermatozoide móvil utilizando micro manipuladores y luego inyecta un espermatozoide en cada ovulo y así se logra la fecundación luego al igual que en fertilización in vitro se observan los embriones y posteriormente se transfieren esperando la implantación del embrión para un embarazo. Como es de suponerse el hecho de producir más óvulos de lo normal existe el riesgo de embarazos múltiples y este es otro problema bioética pues dentro de los procedimientos que se plantean para esto es la feto reducción, es decir aspirar un embrión y descartarlo.

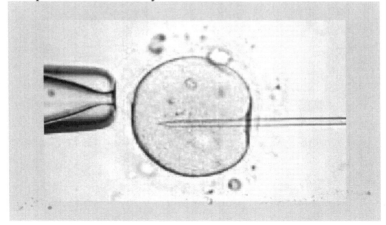

Clonación

Los procesos antes descritos utilizan un gameto femenino y uno masculino, cada uno de los cuales aporta 23 cromosomas en los cuales están descritas las características genéticas de la madre y del padre respectivamente. Al unirse el ovulo con el espermatozoide los 23 cromosomas que aporta cada uno se convierten en 46 cromosomas los cuales conforman el genoma de esa nueva persona. En este código genético están todas las características tanto fenotípicas como genotípicas de cada individuo que lo hace único. Es increíble pensar que atreves de toda la historia jamás se ha repetido una huella digital todas son únicas al igual que muchas características de cada persona. En la clonación a diferencia de los antes descrito no existe unión de 2 gametos, si no lo que se hace es extraer el núcleo en donde se encuentra el código genético de cada persona y se inyecta en un ovulo al cual también se le ha extraído el núcleo de tal manera que en este caso no hay 23 cromosomas de la mujer y 23 del varón si no que están los mismos 46 cromosomas del ser del cual se extrajo la célula que aporto el núcleo. Luego se observa el proceso de división celular y se ve el nuevo embrión el cual será genéticamente idéntico a la célula progenitora. Es interesante que en todas las células de un individuo se encuentren los 46 cromosomas, es decir, cualquier célula de cualquier tejido de un ser puede convertirse en la que aporta el material genético para la clonación. En resumen la clonación es la duplicación o réplica exacta de un ser.

La mayoría piensan en esto como bebés de

probeta. Mas el proceso es realmente simple. El óvulo humano es aislado en el laboratorio e inyectado con un esperma, causando el cambio ontológico del que hable con anterioridad. Esta nueva forma de vida, la embrionaria o el cigoto, es entonces colocado en el útero de una mujer, donde continúa creciendo. Aquí hay un gran problema, no es raro que una pareja haga esto con un número de óvulos y luego los congele o se implanten varios de ellos en el útero. Luego, si uno o más se desarrollan satisfactoriamente, se les permite crecer, mientras que los embriones sobrantes son abortados o desechados.

¿Puedes ver el problema? Aquí se están matando humanos. En teoría, es posible crear solo el número exacto de embriones que se utilizarán, pero en la práctica, esto es rara vez el caso. Muchos embriones sobrantes son destruidos en el proceso, y esto es matar humanos.

4.- Clonación.

El área más ampliamente reconocida de la ingeniería humana actual, parece ser la práctica de la clonación. En este proceso, se obtiene un óvulo femenino sin fecundar y se extrae su material genético, para inyectar en éste el material genético del paciente y luego el óvulo es estimulado. Éste crece entonces, para convertirse en un duplicado genético exacto del paciente.

Ahora, aquí hay muchos puntos que necesitan ser examinados. Hasta ahora, todos los clones han demostrado alguna forma de desviación o deterioro que los hace falibles. Adicionalmente, a menudo, los científicos crean muchas pruebas con embriones como parte del proceso, mismos que son desechados posteriormente. Finalmente, el proceso de clonación es usado principalmente para la investigación, la cual está diseñada para matar al embrión resultante.

5.-Investigación con Células Madre Embrionarias.

Los científicos han descubierto algo muy poderoso llamado "células madre", estas son células primitivas, altamente especializadas que aún no han tomado su forma definitiva. Son de rápido crecimiento y son capaces de desarrollarse en cualquier clase de tejido del cuerpo. Si estas células madre pueden ser obtenidas, pueden ser transformadas en tejido para ayudar a curar una variedad de enfermedades donde se necesita tejido sano que reemplace al tejido enfermo.

Los científicos también han observado que los embriones tienen abundancia de esta clase de células madre. Así que por esta razón ellos están cosechando embriones a fin de extraer las células madre. El problema es que los embriones tienen que matarse para poder extraerles estas células.

Así que, ¿De dónde consiguen estos embriones los científicos? Los consiguen de laboratorios de fertilidad donde la inseminación artificial ha creado los embriones, o ellos crean embriones a través de proceso de clonación terapéutica. En cualquier caso, la vida es creada con el expreso propósito de matarla para hacer investigación, y es ahí donde reside el problema. Algo que diferencia los tiempos de investigación científica moderna con nuestro pasado es que los cuerpos que ya habían muerto eran tomados y examinados por médicos y científicos que buscaban hacer experimentos para aprender más sobre el cuerpo humano. Pero en los tiempos modernos se está haciendo lo contrario.

Todo el tiempo, estos científicos han estado ignorando una creciente área de investigación de células madres que promete grandes resultados sin tener que matar a nadie. Esta nueva frontera en la ingeniería genética es la investigación detrás de las "células madre adultas". Las células madre adultas están siendo usadas para llevar a cabo grandes cosas.

Lo Que Dios Dice

Dios quiere recordarle a la humanidad quienes somos y quién es Él. Pero a lo largo del camino, han llegado a estar cada vez más engreídos haciendo no solo el papel de dioses sino también de creadores de vida.

¿Por qué sucede esto? ¿Qué es lo que motiva a

los científicos a actuar de esta manera?

1- Orgullo (*Saber* lo Que Sabe Dios)

Los seres humanos son motivados por dos cosas. Primero, creo que son influenciados por **el orgullo**. Desde el principio de los tiempos, siempre el hombre ha querido saber lo que Dios sabe.

Génesis 3:4-5 RVR60

Entonces la serpiente dijo a la mujer: No moriréis; sino que sabe Dios que el día que comáis de él, serán abiertos vuestros ojos, y seréis como Dios, sabiendo el bien y el mal.

2- Orgullo (*Hacer* lo Que Hace Dios)

Además de esto, también han caído en un ancestral deseo de hacer lo que Dios hace. Cuando intentan pensar que pueden crear vida, con seguridad es como jugando a ser Dios, y en ese orgullo, quieren verse a ellos mismos, como capaces de lograr cualquier cosa.

Es por ello que Dios detuvo a la gente que construían la torre de Babel. Todo esto viene y se manifiesta como un principio babilónico, por lo tanto en un futuro próximo, se volverá a cumplir la Palabra y Él mismo descenderá confundiendo todos sus planes.

Génesis 11:5-7 RVR60

*Y **descendió** Jehová para ver la ciudad y la torre*

*que edificaban los hijos de los hombres. Y dijo Jehová: He aquí el pueblo es uno, y todos éstos tienen un solo lenguaje; y han comenzado la obra, y **nada les hará desistir ahora de lo que han pensado hacer.** Ahora, pues, descendamos, y confundamos allí su lengua, para que ninguno entienda el habla de su compañero.*

3- Orgullo (Para Ser lo Que Es Dios)

Pero hay más. En esa clase de orgullo, también desean ser lo que es Dios. Cuando actúan creyendo que son creadores, comienzan a actuar como si no tuvieran jamás necesidad de Dios para nada. Satanás les hace creer que pueden cuidar de ellos mismos, y ser los creadores y sanadores que una vez fue Dios. Cuando caen en ese engaño, comienzan a adorarse a sí mismos, en lugar de Dios, que quien realmente los creó.

Romanos 1:25 RVR60
Ya que cambiaron la verdad de Dios por la mentira, honrando y dando culto a las criaturas antes que al Creador, el cual es bendito por los siglos.

4- Impaciencia (Vivir Como Vive Dios)

Finalmente, hay otra motivación detrás de este deseo de crear y alterar la vida. Adicionalmente a ser motivados por el orgullo, también son motivados por la impaciencia. Quieren vivir como Dios vive. No están dispuestos a esperar respuestas, quieren conocerlas de inmediato. Al igual que Dios, quieren tener el control del tiempo de los embarazos y las curas. Pero solo Dios tiene esa clase de control y nadie más.

Salmo 75:1-2 RVR60

Gracias te damos, oh Dios, gracias te damos, pues cercano está tu Nombre; los hombres cuentan tus maravillas. Al tiempo que señalaré Yo juzgaré rectamente."

Si Dios Quiere Hacerlo

Es importante que recuerdes que Dios no actúa apresuradamente solo por ser conveniente. Si Dios quiere que lleves a cabo algo o hagas algo, Él te proveerá la manera de hacerlo sin tener que violar Su moralidad. No se tiene que matar vida inocente para lograrlo, y si el matar es lo que se requiere, necesitan entender que eso está fuera de la voluntad de Dios. La vida comienza a cambiar cuando se llega a comprender que hay un Dios, y que ningún hombre o mujer se puede comparar a Él. Solo Dios es Dios, y solo Él debe estar en control de todo lo creado

Jeremías 10:6 RVR60

No hay semejante a ti, oh Jehová; grande eres tú, y grande tu Nombre en poderío.

No creas ni por un momento que tú eres el producto de una casualidad, y que por lo tanto eres un simple accidente que puedes ser manipulado y examinado a voluntad. Tú fuiste creado por Dios.

A pesar de tus mejores esfuerzos, jamás podrás hacer lo que Dios ya ha hecho. Si tratas de eliminar a Dios de tu vida y de tu entendimiento estarás peleando con el dador de la vida.

Salmo 127:1 RVR60

Si Jehová no edificare la casa, en vano trabajan los que la edifican; si Jehová no guardare la ciudad, en vano vela la guardia.

CAPÍTULO 2

DIOS Y LA GENÉTICA

LA palabra genética etimológicamente proviene de la palabra /gen/ que en griego significa "descendencia". El estudio de la genética permite comprender qué es lo que exactamente ocurre en la producción de los seres vivos, y cómo esa información es transmitida de un individuo a otro. Es el campo de la biología que busca comprender la herencia biológica, que se transmite de generación en generación.

El objetivo del estudio de la genética en la ciencia, es discernir y poder interpretar los genes formados en los segmentos del ADN en el individuo, quien es el que controla la estructura y funcionamiento de cada célula del cuerpo con la capacidad de crear copias exactas de sí mismo.

Cada ser humano no es copia de nadie, todos los hombres y mujeres son creación original de Dios, con una personalidad establecida por Él. No existen dos o tres ADN como lo está haciendo actualmente la ciencia a través de la clonación.

Hasta ahora todo apunta a que la genética estudia los caracteres semejantes que se transmiten de padres a hijos, aquéllos que lo hace parecerse entre sí. Tiene que ver también con aquellos caracteres que no son semejantes, que varían, y a los cuales dentro de esta ciencia se los denomina, "variaciones", y que también son transmitidos genéticamente.

Lo que se debe entender, es cómo se transmiten de una generación a otra, estos caracteres y estas variaciones. Es ahí donde se tiene que entender que es un gen, término del cual deriva el nombre de esta ciencia, que es la genética.

Existen varias preguntas que se pueden formular con relación a este tema:

> ➢ ¿Qué es un gen?
> ➢ ¿De qué está conformado?,
> ➢ ¿Dónde se encuentra?
> ➢ ¿Cómo se transmite de padres a hijos?

Todos los seres humanos están formados por unidades microscópicas que se agrupan formando tejidos. Estas unidades llamadas células poseen dentro de sí, un núcleo, lo que equivale a una estructura diferenciada dentro de la célula. En el interior del núcleo se halla una macromolécula que es la encargada de la información genética.

Científicamente se llama gen, las distintas porciones de esta macromolécula se ocupan, cada una de ellas, de una característica hereditaria determinada. El conjunto de genes heredados es lo que se llama "genotipo", este provee la información necesaria para la producción de diversos rasgos; luego éstos se ven influidos por el medio ambiente, y esto dependerá de la vida de cada individuo.

De esta interacción con el medio ambiente resulta lo que se denomina "fenotipo" que es aquello que se aprecia del individuo. Dijimos que el gen estaba compuesto por una macromolécula, el ácido desoxirribonucleico, que se encuentra formado por dos cadenas unidas entre sí, y enrolladas en una espiral.

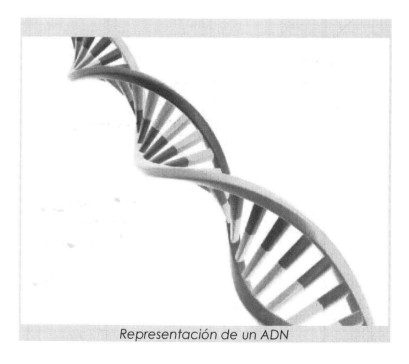

Representación de un ADN

Cuando a una persona le colocan más de un ADN (es una alteración genética trastocada en un laboratorio, como lo que sucedió con los treinta y tres bebes que ya fueron dados a luz), significa que ese individuo cuando vaya creciendo no tendrá una verdadera identidad de quién es y cómo llegó al mundo ya que tiene o posee en su cuerpo tres diferentes ADN a lo opuesto de uno.

Hoy el mundo es testigo del crecimiento de la ciencia a pasos agigantados, y como los últimos eventos confirman lo que bíblicamente se conoce como los tiempos finales. El gran desarrollo del conocimiento es una señal de que el Señor está a punto de regresar en cualquier momento.

La Ciencia y la Biblia

La ciencia está corroborando lo que Dios ha declarado en su propia Palabra desde hace miles de años atrás. Por ejemplo, los científicos han descubierto la importancia del ADN en la vida del ser humano y al ver tanta complejidad se preguntan, de donde habrá surgido esta información dentro del hombre o quien le proveyó esa información al organismo.

Cuando se habla del ser humano, la ciencia solo puede concluir que debió existir una mano creadora, que creó un sistema tan complejo como el ADN para cada cuerpo.

Salmos 139:13 RVR60
¹³ *Porque tú formaste mis entrañas; Tú me hiciste*

en el vientre de mi madre...¹⁶ Tus ojos vieron mi embrión, y en tu libro se escribieron todos los días que me fueron dados, cuando no existía ni uno solo de ellos.

Salmos 139:13-15 NTV
¹³ Tú creaste las delicadas partes internas de mi cuerpo y me entretejiste en el vientre de mi madre. ¹⁴ ¡Gracias por hacerme tan maravillosamente complejo! Tu fino trabajo es maravilloso, lo sé muy bien. ¹⁵ Tú me observabas mientras iba cobrando forma en secreto, mientras se entretejían mis partes en la oscuridad de la matriz.

El embrión en la matriz es un ser humano en proceso de desarrollo, y en ese proceso de formación Dios va colocando cada parte del cuerpo que es necesaria de acuerdo con su evolución. Él va escribiendo paso a paso la información correcta en su libro.

El ser humano no es una casualidad de la existencia; es el diseño de Dios, hecho con anticipación y creatividad. Aunque el aborto está siendo cada vez más legalizado en el mundo, nunca será aprobado por Dios. Él, en su Omnipotencia divina, permite que el hombre permanezca nueve meses en la matriz de su madre, mientras va formando cada parte del cuerpo.

El ADN es como una impresora, que comienza a estampar células de información dentro del cuerpo. La genética es el campo de la biología que busca comprender la herencia biológica que se transmite de generación en generación. Este conocimiento se enseñó primero en la Biblia en los libros de Deuteronomio y Levítico miles de años atrás.

Eclesiastés 11:5 RVA

Como tú no comprendes como entra el espíritu a los huesos en el vientre de la mujer encinta, así no comprenderás la obre de Dios, quien hace todas las cosas perfectas.

Eclesiastés 11:5 NTV

Así como no puedes entender el rumbo que toma el viento ni el misterio de cómo crece un bebecito en el vientre de su madre,[c] tampoco puedes entender cómo actúa Dios, quien hace todas las cosas.

Hoy en día, la ciencia ha comprobado que los genes también comparten información espiritual.

Conociendo el proyecto divino

La genética fue alterada por el poder de las tinieblas activado en el ser humano. Esta genética fue afectada y la información que Dios había colocado en el hombre originalmente fue alterada por el pecado, cuando Satanás entró en el Jardín del Edén y engaño a Eva.

La Genética Espiritual

La genética espiritual fue dañada por el virus del pecado, que fue el vehículo por donde ingresó la muerte espiritual en la creación. Satanás sabía que el hombre creado por Dios tenía una genética que lo hacía inmortal. En el cuerpo humano hay un promedio de unos treinta mil genes y la ciencia solo ha descubierto unos tres mil quinientos de ellos.

La genética espiritual alterada, es como un imán que atrae el pecado. Si en un ser humano hay una genética de lujuria, lascivia, inmoralidad o pecaminosidad, se podrá echar fuera un demonio y este se irá por la autoridad que hay en el nombre de Jesús; pero después hay que orar para que el Señor sane los genes alterados a consecuencia de las maldiciones ancestrales, que vinieron a través de la línea genealógica.

Así como avanza el conocimiento en la ciencia, también va creciendo la revelación para entender y comprender el mundo espiritual en estos tiempos finales.

Romanos 8:29 *RVR60*
Porque a los que antes conoció, también los predestinó para que fuesen hechos conformes a la imagen de su Hijo, para que él sea el primogénito entre muchos hermanos.

La palabra predestino viene de la palabra griega */proorizo/* significa predeterminar,

41

determinar antes o de antemano, por anticipado, por adelantado, tienen que ver con /proginosko/ conocer con antelación. También con hacer algo de nuevo.

Salmos 17:15 RVA

Yo en justicia veré tu rostro: Seré saciado cuando despertare á tu semejanza.

Es decir, queda atrás la genética de pecaminosidad trastocada por la desobediencia y se levanta una vida nueva. Recordemos que el plan de Dios tiene que ver con que de antemano, Él nos conoció y nos predestinó, para hacernos conforme a la imagen de su propio hijo, y como Él venció, nosotros también podamos vencer y ser resucitados.

¿Cómo pasa una información de un gen a otro generacionalmente?

Los genes llevan información de carácter moral y espiritual ancestralmente.

Éxodo 34:7 RVR60

que guarda misericordia a millares, que perdona la iniquidad, la rebelión y el pecado, y que de ningún modo tendrá por inocente al malvado; que visita la iniquidad de los padres sobre los hijos y sobre los hijos de los hijos, hasta la tercera y cuarta generación.

La Biblia nos dice que los genes contienen información que Dios ha determinado ineludiblemente que sea transmitida de generación en generación, en forma de orden y juicio. Esa información enviada debe ser ejecutada, hasta la tercera o cuarta generación. Solo esto puede ser detenido si hay un arrepentimiento o proceso de conversión donde se detenga y se corte para siempre la genética alterada por ese estado de maldición.

Existe otro aspecto que se puede llamar genética espiritual. La Biblia dice que, así como se hereda los rasgos característicos de padres a hijos, el pecado, que entró al mundo por el primer hombre pasó a todos los hombres, y la evidencia está en que todos pecaron. Es importante que entiendas que hay algo que no se hereda genéticamente y esto es la salvación, cada ser humano dice la Biblia, debe arreglar sus cuentas con Dios personalmente pues habrá un juicio cara a cara con Dios. No pienses que por tener padres cristianos tu heredas la salvación.

Debo hacerte una pregunta a todo esto: ¿Arreglaste cuentas en forma personal con Dios? Cuando así lo hagas, algo en tu genética espiritual sucederá y es que se te dará la genética divina o nueva naturaleza que te capacita para que puedas vivir una vida que agrade a Dios, teniendo la esperanza de una eternidad con Él.

CAPÍTULO 3

EL ADN Y LOS DISEÑOS DE DIOS

El núcleo de casi todas las células humanas contiene una vasta base de datos de información química. Cada célula tiene 46 cromosomas distribuidos en 23 pares.

Los cromosomas están constituidos de cuatro productos químicos, o bases, organizados en diversos modelos de secuencia. Las personas heredan material en cada cromosoma de cada padre y cada madre. Cada cromosoma tiene miles de segmentos, llamados genes. El Código Genético o ADN, contiene una información de aspecto espiritual y otra información de aspecto natural.

El Código Genético es el plan original de Dios para cada vida en forma particular. Ahí se describen todos los grandes y pequeños detalles de cada características. Cada ser humano tiene un cuerpo físico visible, y además uno invisible espiritual.

El ADN contiene relojes exactos que marcan el tiempo de cosas relacionadas a la existencia de cada persona; además una gran diversidad de indicaciones específicas por así decirlo, es algo así como el disco duro de una computadora. Por lo tanto. toda esa información que marca el tiempo exacto, indicaciones y una gran diversidad de mecanismos, son activados por la célula. La célula es por así decirlo el procesador de la computadora es la que activa y da movimiento a todo ese misterioso complejo que es el ADN.

La Biblia lo llama "El Libro de registro".

Salmos 139:15-16

[15] *Tú me observabas mientras iba cobrando forma en secreto, mientras se entretejían mis partes en la oscuridad de la matriz.* [16] *Me viste antes de que naciera. Cada día de mi vida estaba registrado en tu libro. Cada momento fue diseñado antes de que un solo día pasara.*

Cada código genético hace una clara diferencia entre la composición de la vida animal, vegetal, y humana; aunque hay ciertas similitudes, pero no todo es totalmente igual.

El ADN humano es a menudo llamado como el Libro o Hilo de la Vida por los científicos. Cada ser humano lleva un contenido de vasta información escrita en su molécula de ADN.

Algo así como un texto enciclopédico, formado por una combinación de aproximadamente 3,200 millones de datos de información, y codificados por solo 4 letras o bases químicas diferentes.

Las 4 letras son:

> **A** (adenosina)
> **G** (guanina)
> **C** (citosina)
> **T** (tiamina)

Con relación a todo esto, hay algunos estudiosos Hebreos que han llegado a afirmar que estas 4 letras están relacionadas con las 4 letras del Nombre de Jehová o sea YHVH

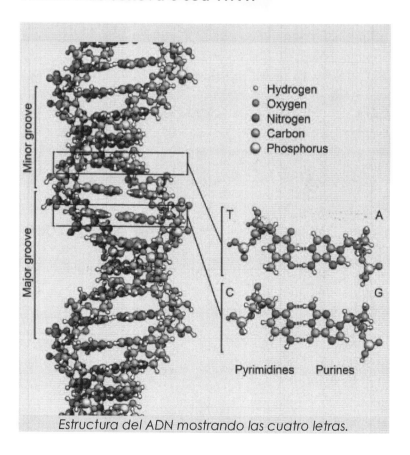

Estructura del ADN mostrando las cuatro letras.

La edición completa del libro o hilo de la Vida o ADN, equivale a aproximadamente a medio millón de páginas de información; o aproximadamente a 500 o 600 libros Enciclopédicos de 1000 páginas.

La estructura del ADN, es una molécula compuesta por dos filamentos enrollados entre sí, y forman como una hélice doble parecida a una escalera de caracol, como ya lo he mencionado. Sus peldaños son precisamente los genes donde está registrada toda la información hereditaria de cada ser humano.

Los genes son diminutas moléculas complejas que contienen la información necesaria para construir a cualquier ser vivo. Aunque los genes permanecen encerrados por así decirlo en una ciudad fortificada que es el núcleo de la célula. Su capacidad es tan gigantesca que dirigen el curso de la vida del ser vivo.

Eclesiastés 3:11 JBS
Todo lo hizo hermoso en su tiempo; y aun el mundo les entregó a su voluntad, de tal manera que no alcance el hombre esta obra de Dios desde el principio hasta el fin.

Eclesiastés 3:11 NTV
Sin embargo, Dios lo hizo todo hermoso para el momento apropiado. Él sembró la eternidad en el corazón humano, pero aun así el ser humano no puede comprender todo el alcance de lo que Dios ha hecho desde el principio hasta el fin.

La palabra alcance viene de la raíz hebrea /matsá/, esta tiene que ver con descifrar, alcanzar, apoderarse, conseguir, descubrir, entender, hallar, encontrar, exportar, producir, propagar y nacer.

A pesar de que muchos hoy en día niegan la existencia de Adán y Eva, llegando a decir que es una simple metáfora, la Biblia declara lo siguiente:

Génesis 1:27 RVR60
Y creó Dios al hombre a su imagen, a imagen de Dios lo creó; varón y hembra los creó.

Génesis 1:27 NTV
Así que Dios creó a los seres humanos a su propia imagen. A imagen de Dios los creó; hombre y mujer los creó.

Dios creó todo incluyendo al primer hombre y mujer. Dios deja evidencia de nuestra descendencia cuando hay parecidos físicos y genéticos entre padres e hijos, por lo tanto es la evidencia más notable que Dios nos creó de una sola pareja para que no hubiese ninguna duda.

Dios es el único que sustenta nuestro destino, lo que Él decide y dice es lo mismo que muestra la realidad, Él no tiene por qué engañar pues Él es el Verdadero Dios.

Es notable que la evidencia física señala que Dios permite que sepamos de dónde venimos. Si

Dios al principio hubiera creado varias parejas no podríamos en verdad saber de dónde descendemos, seria contradecir lo que Dios hace.

Por lo tanto si Dios es perfecto, todo lo que procede de Él también lo es, esta es la razón por la cual Adán y Eva era perfectos en el principio. Existen evidencias más que suficientes para entender que fue así, los defectos genéticos de la especie humana se incrementaron con el tiempo a consecuencia del pecado y la desobediencia.

La herencia genética humana llamada el genoma humano actual es una mezcla de información original mezclada con errores a causa del pecado, iniquidad y rebelión.

Dios es el creador y origen de todas las cosas, por lo tanto al igual que una fotografía, escultura o pintura es una imagen de algo pero no su esencia, nosotros somos una imagen semejante a Él.

El conocido científico y descubridor del Genoma humano Dr. Francis Collins llego a decir lo siguiente:

> Creo que el universo fue creado por Dios con la intención concreta de dar lugar a vida inteligente. Dado que [en] el ADN se encuentra la información molecular de todas las cosas vivas, se pueden entender este como el logos que Dios ha usado para

dar vida a los seres humanos. Esta es la razón porque la ciencia busca la verdad observando cómo funciona el mundo natural, mientras que la fe busca respuestas a cuestiones más profundas, como ¿Por qué hay algo en lugar de nada? o ¿Cuál es el sentido de la vida? o ¿Existe Dios? Todo requiere un cierto elemento de fe, no se puede ser científico si no se tiene fe en el hecho de que existe un orden en la Naturaleza. Como científico que además soy creyente, descubro en la exploración de la naturaleza una vía de comprensión de la mente de Dios. Se puede encontrar a Dios en un laboratorio...La fe es además una forma de intentar comprender los misterios profundos que la ciencia es incapaz de resolver, por ejemplo el sentido de la vida...lo que la ciencia nos está enseñando sobre la sorprendente creación divina, en lugar de resistirse a esa información. A través de la información del ADN nos ofrece la oportunidad de una nueva y excitante interpretación del plan de Dios en la creación del ser humano a su imagen y semejanza.

Es posible que los ingenieros genéticos podrán llegar a manipular hasta cierto grado los genes tratados para crear criaturas manipuladas en lo físico, pero jamás alcanzarán la obra de Dios, en el ámbito espiritual y menos manipular la voluntad humana dentro del ADN.

Esto en cierta forma se está logrando, (crear cuerpos sin vida) sin embargo, aun así el hombre no alcanzará hacer la obra perfecta de Dios, pues podrán originar un cuerpo físico, pero no depositar en él un alma y un espíritu.

En este caso, el cuerpo de estas criaturas clonadas físicamente, solo serán "un cuerpo" hueco, con la posibilidad de que sean poseídos por demonios. Estas criaturas solo serán algo así como monstruos de laboratorio.

El proceso de reproducción del ADN por medio de la función de la célula, es casi perfecto ya que asegura la continuidad de la información biológica en todos los organismos; sin embargo, la enzima llamada *polimerasa* que se encarga de hacer las copias del ADN, a veces comete errores y cambia un nucleótido por otro.

Cuando esos errores en el copiado no se corrigen de inmediato, pasan a las nuevas generaciones y se modifica el contenido de las instrucciones y pueden ocasionar alteraciones nocivas. A estos errores se les llama mutaciones.

El efecto e influencia del pecado deterioraron o deformaron el buen funcionamiento de la enzima polimerasa y entonces empezó a cometer errores en el copiado de las características de la información asentada en el ADN. La muerte por medio de la influencia pecaminosa fue activada en el ser humano.

Como parte de la investigación genética, se ha descubierto que aproximadamente unos 200 genes bacterianos se entremezclaron en el ADN humano. Sin lugar a duda, el pecado deformó y distorsionó la finura del plan perfecto de Dios, asentado en el ADN mencionado aun por los científicos como el libro de la vida y establecido en la Biblia como el libro de Dios.

Sin la información del ADN, no sería posible el desarrollo de la vida, todo hubiera sido un caos, todo se habría convertido en una total confusión en los procesos para la formación de la vida. Dios el Todopoderoso diseñó y creó al hombre y a la mujer y de allí le dio vida a lo que hoy conocemos como la raza humana, más el pecado degradó, deformó y rebajó esa naturaleza humana, haciéndola imperfecta.

Hoy los científicos de la Ingeniería genética buscan e intentan crear esa raza perfecta o superior a través de la manipulación de los genes, lo cual estaremos explicando en forma detallada en el capítulo de la eugenesia. Solo la Sangre de Jesucristo y la Palabra de Dios pueden transformar y regenerar a todo hombre y mujer que le reconozca a Él como el autor y consumador de la vida, haciéndolos en una nación santa, un pueblo escogido.

El inconsciente de todo ser humano es como una gran montaña hundida en las profundidades del alma. Está saturado de abundantes datos de información, desde el inicio de la vida. Toda ella no percibida o entendible en ciertos momentos de la vida.

Hoy solo se ve como a través de un velo, las enfermedades mentales y psíquicas, de una manera muy borrosa.

El ser humano es muy complejo. Se dice que no existen dos personas idénticas en su totalidad.

Esto muestra la particularidad de Dios para crear a cada ser humano de manera individual. Esta es una de las grandes maravillas del creador y Dios Todopoderoso, quien diseñó de antemano registrar las características personales de cada ser humano en su ADN o código genético. Es innegable que tenemos muchos aspectos genéticos que nos unen e identifican como seres humanos; pero otros aspectos son totalmente particulares en cada persona.

Además de nuestras características físicas, también poseemos los detalles del alma su temperamento, emociones, personalidad, las características del espíritu, los mecanismos que los llevan a buscar de las cosas eternas, que nos mantienen en unión con el Creador.

Por esta razón cada ser humano es único e irrepetible. Cada detalle registrado en el ADN espiritual y natural, fue llevado a cabo, y activado en el tiempo exacto de Dios, ni antes, ni después. No faltó desarrollar o accionar ninguna de las cosas que estaban escritas en su libro.

Solo la aceptación agradecida a la voluntad de Dios para cada uno es la clave para vivir con satisfacción, felicidad y alegría.

Con todo y esto, el hombre no alcanzará nunca

hacer la obra de Dios, pues podrán obtener logros naturales o físicos, pero no depositar en ellos un alma y un espíritu; estos son ámbitos espirituales que el hombre jamás podrá llegar a hacer, conseguir, entender, encontrar, exportar, producir, propagar o hacer nacer.

CAPÍTULO 4

EL SECRETO DEL ADN DE DIOS REVELADO

El ADN se encuentra en el interior de los miles de millones de células que conforman el cuerpo de cada ser humano. Para observarlo en forma minuciosa se necesita un microscopio muy potente, al ver los detalles se vería que la composición del ADN se parece a una escalera en forma de caracol.

1 Corintios 15:45-49 RVR60

45 Así también está escrito: Fue hecho el primer hombre Adán alma viviente; el postrer Adán, espíritu vivificante. 46 Mas lo espiritual no es primero, sino lo animal; luego lo espiritual. 47 El primer hombre es de la tierra, terrenal; el segundo hombre, que es el Señor, es del cielo. 48 Cual el terrenal, tales también los terrenales; y cual el celestial, tales también los celestiales. 49 Y así como hemos traído la imagen del terrenal, traeremos también la imagen del celestial.

1 Corintios 15:45-49 NTV

45 Las Escrituras nos dicen: «El primer hombre, Adán, se convirtió en ser viviente», pero el último Adán —es decir, Cristo— es un Espíritu que da vida. 46 Lo que primero viene es el cuerpo natural, y más tarde viene el cuerpo espiritual. 47 Adán, el primer hombre, fue formado del polvo de la tierra, mientras que Cristo, el segundo hombre, vino del cielo. 48 Los que son terrenales son como el hombre terrenal, y los que son celestiales son como el hombre celestial. [49] *Al igual que ahora somos como el hombre terrenal, algún día seremos como el hombre celestial.*

El Apóstol Pablo habla aquí de dos perspectivas opuestas, el hombre terrenal y el hombre espiritual. No se puede tener éxito en la vida l si no conoces cual es la identidad y posición que tienes en Cristo, pues esta determinará lo que vas a lograr y conquistar. Dios está interesado que progresivamente alcances niveles de victoria.

¿Qué es el ADN?

Salmos 139: 16-18 *DHH*

[16] *Tus ojos vieron mi cuerpo en formación; todo eso estaba escrito en tu libro. Habías señalado los días de mi vida cuando aún no existía ninguno de ellos.* [17] *Oh Dios, qué profundos me son tus pensamientos; ¡infinito es el conjunto de ellos!* [18] *Si yo quisiera contarlos, serían más que la arena; y si acaso terminara, aún estaría contigo.*

ADN significa Acido Desoxirribonucleico, es la molécula que lleva la información genética utilizada por una célula para la creación de proteínas. El ADN contiene las instrucciones genéticas usadas en el desarrollo y funcionamiento de todos los organismos vivos conocidos. La función principal de las moléculas del ADN es el almacenamiento a largo plazo de la información genética.

Muchas veces el ADN es muy común compararlo con un conjunto de planos para los seres humanos y que contiene lo que cada ser hombre y mujer es. Dios formó al hombre del barro y lo hizo perfecto sin cometer ningún error.

Conforme declaran las escrituras en *Génesis 2:7* y *3:19* Dios hizo al hombre del polvo de la tierra. Científicos han descubierto que el cuerpo humano se compone de 28 elementos, todos encontrados precisamente en la tierra.

Él sopló aliento divino y creó un cuerpo con vida, como dice la Biblia: un alma viviente. Este hombre creado por Dios fue autentico y no una copia de otro que ya existía. Cuando Él estaba haciendo todas las cosas hablaba y por medio del poder de Su Palabra ordenaba todas las cosas; mas cuando Dios va a crear al hombre, marcó una diferencia y no habló, sino que usó sus manos divinas y perfectas para darle la forma correcta.

Dios formó al primer hombre de la tierra para que habitase en ella. Lo moldeó estructuralmente junto con su cadena de ADN, para crear al hombre Adán. Dios no se valió de ningún ser vivo existente, ni tampoco empleó los procesos de la ciencia de prueba y error, Él es el único creador y solo en Él residen los detalles más perfectos, y por su única voluntad todas las cosas subsisten, fueron creadas, antes y después de la caída del hombre.

El Dios de amor y compasión, es el Padre eterno que formó al hombre con el toque de sus manos maravillosas. Al darle la forma como un alfarero divino lo moldeó a su voluntad y le colocó el ADN de sí mismo, teniendo la bendición de ser creado por Él y recibir el aliento de vida no mortal sino inmortal.

La palabra formar en el original hebreo es */yatsar/, que es un término utilizado en alfarería, el cual significa amoldar algo a una forma deseada.*

¡Que privilegio más grande el que tenemos el saber que somos a imagen del creador!, ¡cual insulto y afrenta a Dios es decir que descendemos de un simio!

Los animales no tienen que dar cuenta de sus actos ante Dios, porque no tienen uso de razón consciente y no poseen espíritu como el hombre... ¿Será por esta razón que la humanidad insiste en parecerse a ellos?

Es interesante saber que Dios no creó autómatas, sino seres libres y a la vez que dependieran de Él, porque solo Él es la fuente de vida. El hombre es un ser dependiente de Dios, es de entender que toda la creación está regida por principios y leyes de conservación que Dios mismo estableció, como asimismo el principio de dependencia del ser humano hacia Dios en entrega y amor.

Para muchos la historia del Edén es muy sencilla, esta es la razón por la que la ridiculizan, ya que al parecer no está a la altura de sus intelectos y razonamientos, prefieren creer la absurda idea de que un libro (ADN) se escribió solo.

El ser humano siempre se ha hecho estas preguntas:

> ➢ ¿De dónde venimos?,
> ➢ ¿Para qué fuimos creados?,
> ➢ ¿Qué espera Dios de nosotros?

Fuimos hechos a Su imagen y semejanza, con un alma perfecta y un cuerpo sano. Cuando Él creo el primer hombre no lo hizo para que fuera mortal, sino eterno. Nunca estuvo en sus planes crear un hombre para que existiera, muriera y ahí se terminara todo, sin propósito ni diseños.

Dios creó originalmente al hombre con un ADN perfecto y con una calidad de información extraordinaria. Colocó más de 61 mil millones de células, y conectó cerca de 30 mil genes de información en la vida del hombre que se estaba formando.

Este fue un diseño sabio, inteligente y poderoso, porque la complejidad que tiene el ser humano no ha sido creada por ninguna computadora por más avanzada que esta sea ni por otro ser humano por mejor científico que fuera.

Características puestas en el hombre por Dios

También puso en él sus cualidades morales como la santidad, la felicidad, el amor, la justicia, y la capacidad para escoger, pues el hombre es un ser racional. Además le dio libre albedrio, inteligencia, capacidad de pensar y razonar, procrear, juzgar, y evaluar discrecionalmente las cosas.

Dios le dio vida al hombre y a la mujer con propósitos y diseños definidos, fueron creados con los más altos valores, por eso Dios espera mucho ellos. Ellos fueron creados para su gloria, No fueron creados para morir, si Adán no hubiera desobedecido a Dios, nunca hubieran muerto, en eso vemos la semejanza a Dios pues, es eterno e inmortal.

Mientras no existía el pecado en el huerto del Edén, todo funcionaba correctamente. El hombre tenía vida eterna, una plena relación con Dios, y a través de su línea genealógica sería una bendición para todos sus descendientes, que a partir de su ADN perfecto se multiplicarían en la tierra.

Dios diseñó en el hombre propósitos específicos, pero el más importante era para que este lo glorificara. Siendo el ADN de Dios el portador de la herencia y el cual tiene el poder de duplicarse para dar copias exactas de su descendencia. El hombre posee el ADN de Dios, por esta razón es tan importante, porque ha recibido lo que ninguna criatura recibió.

En el mes de Junio de 2013 hubo una reunión de científicos en Nueva York, donde un joven ruso decía que había descubierto el gen de la inmortalidad, pero que este había sido trastocado. Este científico quiso incentivar a la "comunidad" para que juntos tuvieran el desafío de conseguir de aquí al año 2045, el gen de la inmortalidad.

A diferencia de los ateos y gnósticos, los creacionistas, creemos en el código genético como una perfecta evidencia que Dios es el diseñador extraordinario de la humanidad, solo Él fue quien creó esa maravillosa complejidad llamado hombre y mujer, colocándoles un sistema de información eficiente para codificar la vida, poniendo todo eso en los genes originales.

La complejidad del ADN es asombrosa, Dios le dio al hombre la vida no solo física sino también espiritual.

Génesis 2:7 RVR60
Entonces Jehová Dios formó al hombre del polvo de la tierra, y sopló en su nariz aliento de vida, y fue el hombre un ser viviente

¿Si el ADN está des configurado, ¿Cómo puede trabajar adecuadamente? Esa es la razón por la que aparecen diferentes tipos de enfermedades congénitas, que algunas veces son enfermedades hereditarias y lo que está detrás de todo eso es una influencia nociva de las tinieblas. Dios no copia lo de otro y lo coloca en ti, sino que Dios da la capacidad en tu ADN de copiar células de tu cuerpo y que estas se vayan reproduciendo mientras vas desarrollándote. Pero en el primer momento donde entró la desobediencia en Adán, su ADN se corrompió.

La Estrategia y Seducción del Edén

Génesis 3:4 NTV

4 —¡No morirán! —respondió la serpiente a la mujer—. 5 Dios sabe que, en cuanto coman del fruto, se les abrirán los ojos y serán como Dios, con el conocimiento del bien y del mal.

¿Si el hombre tenía un ADN y una genética de inmortalidad en su vida, que pasó?, la desobediencia vino y trastocó la condición del hombre y fue ahí donde se gestó lo que Pablo identificó mucho tiempo después cuando escribió: "la paga del pecado es muerte..." Romanos 6:23

El ADN fue corrompido

El ADN dentro del ser humano en pecado solo puede replicar la muerte.

Científicamente, la palabra replicación, tiene

que ver con multiplicarse en otra persona. Todo lo que hay en un padre, se reproduce en su hijo, y así sucesivamente de generación en generación.

El cuerpo fue afectado por las enfermedades, y los genes dañados, empezaron a copiar información de generación en generación completamente afectada. El código genético transmitió la herencia de muerte, y el alma del ser humano quedó separada de Dios. Atada y ligada espiritualmente, de tal manera que el mismo hombre o mujer por sí mismos, jamás podrían liberarse.

El acto de la desobediencia del hombre y mujer trajo como resultado su muerte espiritual y también la orgánica. Este mismo deseo de ser como dioses sigue en el corazón de los seres humanos caídos, desde el momento que intentan desplazar al verdadero Dios de sus vidas. Con todo eso le establece una promesa profética; de levantar un día el cuerpo del polvo y producir el gran milagro de la salvación, para librarlos de condenación y muerte eterna.

Cuando Dios miraba el plan de la salvación para el hombre, Él veía a los seres humanos bajo un efecto degradante de perversidad, muerte y de inmoralidad y buscó al hombre perfecto, que pudiera seguir el linaje de la bendición sin mancha. Dios miró que Noé, venia de la línea de Matusalén y de Enoc.

Génesis 6:9 RVR60

Estas son las generaciones de Noé: Noé, varón justo, era perfecto en sus generaciones; con Dios caminó Noé.

La palabra hebrea perfecto tiene que ver con una perfección moral y espiritual. El pecado no había dañado ni contaminado a Noé. Él se había mantenido puro en la presencia de Dios a diferencia de todos los hombres de su época.

¿Qué produce el pecado y la desobediencia?

Rebelión interna. El hombre en su totalidad, quedó sellado bajo los efectos del pecado y la muerte, y toda la creación tuvo la misma consecuencia de esa maldición. Todo el ser completo del hombre, cuerpo, alma y espíritu, quedo afectado por los cambios de la ley del pecado; a la espera de que Dios un día, en su plan divino, tuviera misericordia y redimiera a la humanidad.

Hechos 17:26 RVR60

Y de una sangre ha hecho todo el linaje de los hombres, para que habiten sobre toda la faz de la tierra; y les ha prefijado el orden de los tiempos, y los límites de su habitación.

Hechos 17:26 NTV

De un solo hombre creó todas las naciones de toda la tierra. De antemano decidió cuándo se levantarían y cuándo caerían, y determinó los límites de cada una.

Aquí dice que de una misma sangre (Adán) vino el linaje de todos los hombres y con ella el pecado, la enfermedad, y la degradación; pero llegó el momento en que Dios cumpliría la profecía dada en Génesis 3.

1 Corintios 15:47 RVR60

El primer hombre es de la tierra, terrenal; el segundo hombre, que es el Señor, es del cielo.

1 Corintios 15:47 NTV

Adán, el primer hombre, fue formado del polvo de la tierra, mientras que Cristo, el segundo hombre, vino del cielo.

Cuando Jesús vino a la tierra no se reencarnó (eso lo creen los hinduistas, los budistas y todos aquellos que siguen las creencias de la Nueva Era), Él se encarnó, es decir, Jesús, siendo el hijo Eterno de Dios, tomó la naturaleza humana y vivió entre nosotros. Aunque Él se hizo hombre, jamás cometió pecado.

Filipenses 2:6-8 RVR

6 el cual, siendo en forma de Dios, no estimó el ser igual a Dios como cosa a que aferrarse, 7 sino que se despojó a sí mismo, tomando forma de siervo, hecho semejante a los hombres; 8 y estando en la condición de hombre, se humilló a sí mismo, haciéndose obediente hasta la muerte, y muerte de cruz.

Filipenses 2:6-8 ^NTV^

⁶ Aunque era Dios, no consideró que el ser igual a Dios fuera algo a lo cual aferrarse. ⁷ En cambio, renunció a sus privilegios divinos; adoptó la humilde posición de un esclavo y nació como un ser humano. Cuando apareció en forma de hombre, ⁸ se humilló a sí mismo en obediencia a Dios y murió en una cruz como morían los criminales.

El hijo de Dios, Jesucristo vino a salvarnos y por eso era necesario que tomara una naturaleza humana, que era imperfecta y limitada. Jesús adopto la naturaleza original del primer hombre del huerto del Edén; antes de corromperse y de haber caído en pecado. Si el primer hombre falló, este segundo hombre venido del cielo, iba a darle a la humanidad, una segunda y gran oportunidad de restaurar lo que el primer hombre había perdido en el huerto del Edén. El Espíritu Santo engendró en un vientre virgen, que no había sido usado para nada y le prohibió a José por sueños que se acercara a María porque lo que había en su vientre era puro y concebido por el Espíritu Santo. Jesús era el Mesías prometido y el Salvador del mundo.

Dios uso un vientre virgen, porque lo que iba a gestarse ahí, era santo también, bajo un código de ADN perfecto. Un segundo humano sin mancha, sin pecado con un código genéticamente vital, tal como el original que estuvo en el huerto del Edén sin degradarse por el pecado.

La mujer es la receptora, es allí donde se va a depositar la semilla de vida de Jesús, haciéndose hombre, esta no está alterada ni trastocada genéticamente por la mano del hombre, sino que es pura y santa.

Lucas 1:35 *RVR60*

Respondiendo el ángel, le dijo: El Espíritu Santo vendrá sobre ti, y el poder del Altísimo te cubrirá con su sombra; por lo cual también el Santo Ser que nacerá, será llamado Hijo de Dios.

¿Poseía Jesús un ADN humano?

Por supuesto que sí, de lo contrario Él no hubiera sido un hombre, pero sin pecado ya que su ADN no estaba contaminado.

La Biblia nos revela que Cristo es verdadero Dios, y verdadero hombre y se despojó de su gloria pero no de su divinidad, aunque no hizo uso de ella hasta que resucitó en Gloria.

Si Jesucristo tenía un ADN y una información genética perfecta, entonces eso significa que el ADN de Jesús no podía conocer la muerte; es decir, el efecto del pecado que es la muerte no podía tocarlo, porque Él era perfecto en su creación, en su nacimiento, en su ADN y en su genética humana.

Por eso es que Él dijo, *"a mí nadie me quita la vida, Yo la doy voluntariamente."*

A Jesús nadie lo mató, sino que entregó su vida por amor. Se sometió a la muerte para pagar el precio de tu pecado ya que Él te redimió cuando murió por ti y tú por fe lo aceptas como tu Señor y Salvador.

El plan de Dios es que todos nosotros creamos en Su Hijo; Quien fue nuestro sustituto en la cruz, y la muerte que nos correspondía fue sufrida por Él.

Hechos 2:24 *RVR60*

Al cual Dios levantó, sueltos los dolores de la muerte, por cuanto era imposible que fuese retenido por ella.

Jesús muere voluntariamente, lo llevan al sepulcro, envuelto conforme a la costumbre hebrea, lo colocan en la tumba, y resucita al tercer día, porque el único cuerpo con un ADN perfecto, que no fue retenido por la muerte, fue el cuerpo de Jesús. Este es el misterio de la resurrección.

¿Porque el infierno no lo pudo retener?, ¿Porque las potestades de la muerte no lo pudieron retener? ¿Porque el sepulcro no lo pudo retener?

Por tres días consecutivos el espíritu de la muerte escaneo el cuerpo de Jesucristo, y no lo pudo retener, porque tenía ADN con su información genética perfecta, no alterada o trastocada, es allí donde el poder de la vida que emanaba del Cristo Resucitado toma las llaves del hades y de la muerte, triunfando sobre ella para siempre. La muerte es vencida en victoria. Pablo lo dice claramente:

Corintios 15:55 RVR60

¿Dónde está, oh muerte, tu aguijón? ¿Dónde, oh sepulcro, tu victoria?

La muerte fue absorbida por aquel que tenía un ADN perfecto y no estaba bajo la sentencia de morir sino que tenía la bendición de vivir. Como la muerte no lo pudo retener a Él; Jesús fue el primogénito entre los que habrían de resucitar.

La ciencia trata de buscar en la genética la forma de no morir, pero no podrá ningún ser humano por más inteligente que sea, evadir la sentencia de Dios que dice que la paga del pecado es la muerte.

No se necesita que nadie descubra el gen de la inmortalidad, porque cuando alguien viene a Cristo, se restaura el ADN original que fue trastocado por el pecado junto con el gen de la inmortalidad, volviendo a los brazos del verdadero Padre que lo ama, y que quiere glorificarse en tu espíritu, alma, y finalmente en tu cuerpo.

¿Cómo has de Glorificar al Señor?

Haciendo todo y cumpliendo las metas por las cuales Él te creó. Dios nos ha dado la explicación teológica, de cuál es el origen del verdadero gen del hombre, donde no solo es Dios creador sino el origen de la vida y la fuente del conocimiento y de nuestra esperanza. Jesús fue el único hombre correcto, perfecto, santo, sin mancha y puro.

Cuando tú tienes a Jesús, el diablo sabe que tú tienes el ADN perfecto de Jesús. Esa genética lo ha derrotado. En esa genética, está impreso el plan de Dios para las generaciones.

Dios es el creador de todas las cosas y merece ser adorado siempre.

Isaías 43:7 RVR60
Todos los llamados de mi nombre; para gloria mía los he creado, los formé y los hice

CAPÍTULO 5

LA CLONACIÓN Y SU REPERCUSIÓN EN LA FAMILIA

La familia es algo que Dios ha establecido y construido a través de las edades, pero es importante que nos demos cuenta como está siendo afectada actualmente. Dentro del plan de Dios a pesar de toda esta presión, el bienestar y la paz siguen siendo su voluntad para la humanidad.

1 Juan 3:9 *NTV*

Los que han nacido en la familia de Dios no se caracterizan por practicar el pecado, porque la vida de Dios está en ellos. Así que no pueden seguir pecando, porque son hijos de Dios.

Debemos entender que todo aquello que ha sido creado por Dios está en la óptica de Satanás para ser destruido. Para entender de qué manera podremos ser afectados en esta época, debemos explicar cómo viven las familias en la sociedad del conocimiento.

Daniel 12:4 *JBS*

Tú, pues, Daniel, cierra las palabras y sella el libro hasta el tiempo del fin; pasarán muchos, y se multiplicará la ciencia.

La multiplicación de la ciencia y el avance científico son una de las señales proféticas que marcan el regreso de Jesucristo a la tierra. Jesús habla de señales que iban a caracterizar aquellos días que son como los que estamos viviendo actualmente. ¿A que nos estamos enfrentando? Hoy en día la ciencia está avanzando a pasos agigantados, de tal manera que existen logros en beneficios de la humanidad pero también riesgos.

El principal objeto de estudio de la genética son los genes, formados como hemos dicho por segmentos de ADN, el ADN controla la estructura y funcionamiento de cada célula, con la capacidad de crear copias exactas de sí mismo.

Mateo 24:37-39 LBLA

37 Porque como en los días de Noé, así será la venida del Hijo del Hombre. 38 Pues así como en aquellos días antes del diluvio estaban comiendo y bebiendo, casándose y dándose en matrimonio, hasta el día en que entró Noé en el arca, 39 y no comprendieron hasta que vino el diluvio y se los llevó a todos; así será la venida del Hijo del Hombre

Jesús compara su segunda venida con señales que se habían ejecutado en tiempos pasados, y que son sucesos reseñados en la Biblia.

Entendemos que la ciencia ha crecido y en cierta forma beneficia a la humanidad, pero también somos conscientes que la ciencia, en manos de aquellos que no tienen temor de Dios, puede ocasionar un terrible mal a la humanidad.

Eclesiastés 1:9 *JBS*

¿Qué es lo que fue? Lo mismo que será. ¿Qué es lo que ha sido hecho? Lo mismo que se hará; y nada hay nuevo debajo del sol.

Eclesiastés 1:9 *NTV*

La historia no hace más que repetirse; ya todo se hizo antes. No hay nada realmente nuevo bajo el sol.

Hay patrones de maldad que se vuelven a repetir en forma de esquema o de ciclo. Pareciera que en lugar de avanzar hacia futuro, en algunas cosas, retrocedemos al pasado. Es por eso que Jesús dijo que su regreso a la tierra seria comparable a esos tiempos de la antigüedad (los días de Noé). Lo que sucede hoy en el planeta tierra no es nada nuevo, es como volver a repetir lo que ya pasó en un tiempo específico de la humanidad. Así como la ciencia avanza, la maldad también avanza.

Para Satanás poder destruir la familia, lo hace a través de actos de maldad, y uno de ellos es hacer cambios dentro de la genética del ser humano.

¿Qué es la clonación?

Romper la perfecta creación de Dios, el orden correcto de acuerdo con lo que Él ha establecido por su palabra. Clonación es la palabra griega /clon/ que significa retoño. Es un conjunto de individuos genéticamente idénticos, que descienden de una célula madre por mecanismos de reproducción asexual.

Clonación es una forma de reproducción sin sexo. Es un atentado contra el programa de Dios. Él ha creado el hombre y la mujer para que en el matrimonio, pueda haber una reproducción según el modelo establecido. Al lograse la clonación podemos ver que el concepto del matrimonio quedaría destruido y por ende no habrían familias. Lo que el enemigo quiere lograr es producir seres individuales a los que él pueda controlar y manipular.

Cuando el ser humano crece y se desarrolla en la familia, está acompañado por personas que le aman y le aprecian y que por ende no podrá ser destruido fácilmente por el enemigo, porque habrá una unidad familiar que lo rodeará.

¿Qué es lo que dice la Biblia acerca de la Clonación?

Génesis 2:21 LBLA

Entonces el Señor Dios hizo caer un sueño profundo sobre el hombre, y éste se durmió; y Dios tomó una de sus costillas, y cerró la carne en ese lugar.

De acuerdo con lo que leímos en este texto bíblico, podemos ver la forma correcta cómo

Dios hace una clonación perfecta, muy distinta a la que hacen los hombres. No solo vemos la grandeza de Dios sino la razón del porque lo hace de esta manera.

La Biblia dice que Dios formó al hombre del polvo de la tierra, hizo barro, y sopló el aliento de vida sobre él y fue así el hombre un alma viviente. Con Adán la materia prima de Dios estaba creada. No había razón de hacer otro ser, porque ya existía uno. Tomó luego una costilla de este hombre, y cerró la carne en ese lugar, y de ahí formó a Eva, su mujer. El relato continua diciendo, que cuando Adán vio a Eva, dijo: *"esto es carne de mi carne y hueso de mi hueso...."*

Eva es una mujer clonada de Adán

La Biblia dice que Adán fue dormido, al Dios sacarle la costilla y formar a la mujer, de su hueso le paso toda información genética para Eva. Adán no solo era su esposo, genéticamente podía ser su padre, su hermano, o su verdadero gemelo, (algo muy diferente a lo que dice la Nueva Era, acerca de las almas gemelas). Eran tan parecidos que la única diferencia era el sexo.

Tenemos que dar gracias a Dios por lo que somos; si Él le ha dado el privilegio de ser hombre alaba a Dios por esa decisión divina, porque cada uno de nosotros nacemos de

acuerdo con el diseño del Creador. Lo mismo si te da creado mujer, lo que tienes es perfecto. No cambies lo establecido por Dios porque es lo mejor para ti.

La Biblia dice que Adán conoce sexualmente a Eva no hasta el capítulo 4 del Génesis. Aquí encontramos un secreto profundo de Dios; el hombre puso por nombre Eva a su mujer, porque ella sería "madre de los vivientes"; no nació para clonar hombres, sino para procrear vivientes.

Los científicos hoy cree tener la potestad de clonar hombres, pero no pueden clonar "seres vivientes". Hay un solo lugar que Dios usa para clonar vivientes, y es en la matriz de la mujer, fuera de eso, (en laboratorios) el poder de la ciencia no puede darle alma. Solo Dios puede colocarle alma y espíritu a un nuevo ser.

Entonces Dios dijo: "mujer, yo te he creado para ser madre de vivientes..." Hoy la mujer es el vehículo perfecto para ello. Dios también te da la oportunidad si eres nacida de nuevo de ser madre espiritual o ayudar a criar a otros niños.

Eclesiastés 11:5 RVA
Como tú no sabes cuál es el camino del viento, ó como se crían los huesos en el vientre de la mujer preñada, así ignoras la obra de Dios, el cual hace todas las cosas.

Los hombres clonan a partir de células madres, pero Dios no clonó así; porque quería hacer una entidad que tuviera espíritu; Dios proyectaba en Eva el espíritu de vida.

Ezequiel 37:6-10 RVR60

⁶ *Y pondré tendones sobre vosotros, y haré subir sobre vosotros carne, y os cubriré de piel, y pondré en vosotros espíritu, y viviréis; y sabréis que yo soy Jehová.* ⁷ *Profeticé, pues, como me fue mandado; y hubo un ruido mientras yo profetizaba, y he aquí un temblor; y los huesos se juntaron cada hueso con su hueso.* ⁸ *Y miré, y he aquí tendones sobre ellos, y la carne subió, y la piel cubrió por encima de ellos; pero no había en ellos espíritu.* ⁹ *Y me dijo: Profetiza al espíritu, profetiza, hijo de hombre, y di al espíritu: Así ha dicho Jehová el Señor: Espíritu, ven de los cuatro vientos, y sopla sobre estos muertos, y vivirán.* ¹⁰ *Y profeticé como me había mandado, y entró espíritu en ellos, y vivieron, y estuvieron sobre sus pies; un ejército grande en extremo.*

Dios nos creó con cuerpo, alma y espíritu, este último es, por donde Él se comunica con el hombre y el cual a la vez le podemos adorar en Espíritu y verdad. Somos seres tripartitos, porque un espíritu sin cuerpo no está completo, al igual, un cuerpo sin alma, tampoco funciona correctamente. Todo lo que el hombre sin Dios trate de hacer fuera del plan establecido por Dios, fracasara.

Leemos que el orden de Dios en la vida de los seres humanos fue alterado (en Génesis 6) cuando los "Hijos de Dios" o los Vigilantes, empiezan a mezclar su genética con la genética humana para crear híbridos llamados por la Biblia *"nefilim"* o gigantes. Pero en la misma manera que David pudo derribar al gigante que era el enemigo del pueblo de Dios, de esa misma forma Dios te da promesas, para que seas vencedor, al depender totalmente de su Espíritu. Solo por ese medio vas a tener la fortaleza necesaria para poder alcanzar los propósitos de Dios en tu vida. Mas ¿qué sucede cuando se altera el orden de Dios, y se rompen sus diseños con sus planes originales? Todo lo que ese hombre produzca será contrario a Él.

Dios está para bendecirnos como familia, pero no podemos mezclar la simiente de la carne con la del Espíritu, y no podemos mezclar el proyecto de Dios con el anti proyecto humano.

Cuando los hijos de Israel entraron a la tierra de Canaán, dice la Biblia que las frutas eran desmedidamente grandes. (Un racimo de uvas tenían que cargarlo entre dos hombres, al igual que las granadas). ¿Quiénes habitaban en esa tierra anteriormente? Los gigantes, quienes eran descendientes de la mezcla y de la alteración genética. Puede haber una probabilidad que lo vegetal también hubiera sido trastornado.

Cuando Israel mato a los gigantes y tomo posesión de la tierra, al sembrar ellos la tierra, los frutos que cosecharon ya no eran gigantes; eran la creación de la producción de la tierra con su tamaño normal, como Dios lo había diseñado.

Hoy a través de la alteración genética de los alimentos transgénicos, pueden trastornar las comidas y tener frutos más grandes, y aun, sin semilla (hace años que lo están haciendo). Sin embargo todo lo que Dios ha creado, tiene semilla, aquello que no la tenga, no puede ser de Dios. Porque Dios creó cada semilla según su género, y dentro de ese género se producen los elementos de reproducción y multiplicación. Cada simiente debe producir de acuerdo con su simiente

Nosotros no podemos mezclar la Palabra de Dios con cosas del mundo; toda simiente alterada no es de Dios. No estamos llamados a mezclar carne con mundo en la vida espiritual. No se puede dar malos frutos ni mezclar lo dulce con lo amargo. La mentira con la Palabra de verdad.

¿Por qué los hebreos no cosecharon los mismos frutos que reproducían los gigantes? Porque los gigantes quizás lograron también hacer una alteración genética.

¿Qué pasó con la raza de animales, como los dinosaurios, que se han encontrado? En la Biblia dice que había tanta maldad en la tierra, que Dios tuvo que destruir el hombre y los animales que existían en ese tiempo porque toda la carne se había contaminado. En *Génesis 6:12* encontramos la palabra en hebreo /*basar*/ la cual significa: carne del cuerpo de humanos, de animales y hasta de todas los seres vivos. Todo estaba contaminado, que en hebreo es la palabra /shachath/ y también significa corrupto. El ADN de los humanos como la de varios animales había sido modificado. Por eso, llegamos a la conclusión que los animales gigantes que existían en esa época, eran alteraciones genéticas realizadas por los Vigilantes que buscaban cambiar el orden de Dios.

Hoy estamos viviendo en los días de Noé o Lot, y vivimos las mismas alteraciones genéticas dadas por la ciencia. Observe las bestias que vio Daniel, que son monstruosas, y no existían en esa época (Daniel 2:43), o las que vio Juan en Apocalipsis 9:8. En estos textos bíblicos se describen bestias que aún no son conocidas por la humanidad, por ejemplo, pies de hierro mezclado con barro, dientes como de leones, alas con corazas de hierro, etc.

Apocalipsis 13:15-17 RVR60

15 Y se le permitió infundir aliento a la imagen de la bestia, para que la imagen hablase e hiciese matar a todo el que no la adorase. 16 Y hacía que a todos, pequeños y grandes, ricos y pobres, libres y esclavos, se les pusiese una marca en la mano derecha, o en la frente; 17 y que ninguno pudiese comprar ni vender, sino el que tuviese la marca o el nombre de la bestia, o el número de su nombre.

¿Acaso será la bestia un signo de clon que puede llegar a programarse por la ciencia? ¿No es acaso a través de la ciencia y la biotecnología, que han manipulado la genética? ¿Se podría entonces a través de la clonación crear una bestia indescriptible?. La ciencia está invadiendo un mundo que desconoce, se le puede salir de la mano y el impacto que esto traería podría ser devastador. Ante esta realidad podemos preguntarnos:

> ¿Qué espíritu tienen los clones?
> ¿Será posible clonar un ser vivo para ser como un almacén de repuestos?
> ¿Podrán los demonios tomar posesión de cuerpos que no tienen vida?
> Desde cuando comienza la vida?

Romanos 5:12 *RVR60*

Por tanto, como el pecado entró en el mundo por un hombre, y por el pecado la muerte, así la muerte pasó a todos los hombres, por cuanto todos pecaron.

Podemos ver entonces que aun la genética espiritual ha sido afectada; Satanás está logrando a través de su séquitos de demonios, dañar la genética espiritual trastocándola por medio el pecado, que fue el vehículo por el cual entró la muerte. Pero nuestro diseñador, nos ha traído una medicina llamada la Sangre de Jesucristo que limpia todo pecado.

Romanos 8:29 *LBLA*

Porque a los que de antemano conoció, también los predestinó a ser hechos conforme a la imagen de su Hijo, para que El sea el primogénito entre muchos hermanos.

El mundo y el conocimiento humano se desvían cada vez más de Dios; la iglesia tiene que entender que no podemos desviarnos de la base de nuestras creencias en esta hora.

La Clonación promovida por Hollywood

"Oblivion": Esta película que lanzo Hollywood es proyección Post Apocalíptica Sobre lo que significa y representa La Manipulación Genética

En "Oblivion", se expone un mensaje que prepara la mente y la acondiciona sobre lo que es gnosticismo y el control mental basado en el trauma y trashumanismo. Si bien esto no es nuevo en cuanto a producciones de las grandes conspiraciones de las tinieblas. "Oblivion" inserta otro concepto fundamental para la agenda del nuevo orden de gobierno mundial y es acerca de La manipulación genética.

"Oblivion" al igual que otras producciones expone a un cristo cinemático que viene a salvar a la humanidad del apocalipsis extraterrestre. Todo bien escenificado para ilustrar al Dios bíblico como el opresor y al revolucionario como el portador de la luz. Pero al final de la película un mensaje nuevo se asomaba y que intencionalmente contenía un factor clave del lavado de cerebro. El actor principal no es solo una representación del anticristo, sino a la vez indirectamente es una campaña publicitaria para la aceptación de humanos genéticamente manipulados.

Un Futuro Post-Apocalíptico

La historia comienza el 14 de marzo del 2077 donde Jack Harper (Tom Cruise) es un técnico especializado en la reparación de drones, muchos de estos se ubican en la tierra para supervisar la extracción de recursos naturales a otro planeta. En la historia, la raza humana ha abandonado la Tierra y solo Jack y su esposa Victoria son los encargados en la misión. Uno de los principales peligros son una raza de extraterrestres hostiles llamados "carroñeros" que habitan en la superficie terrestre y que constantemente deshabilitan a los drones.

Jack no puede evitar sentir un mal presentimiento con esta misión. Una analogía del despertar de conciencia gnóstico.

Todo cobra sentido cuando Jack descubre que todo lo que sabe es una mentira, y la raza de extraterrestres son en realidad humanos sobrevivientes. Esta resistencia liderada por Feech (Morgan Freeman) le explica que ha sido engañado y que realmente trabaja para la "Sally", una inmensa máquina que flota en la estratosfera y que le ha borrado todos sus recuerdos para implantarlos con la historia ficticia previamente contada.

Su encuentro con Beech representa el del mismo Adán con el árbol de ciencia: Todo lo que conoces es una mentira.

Esta inversión de la historia es ilustrada en Hollywood para crear el estado de disonancia cognitiva en sus espectadores. Usualmente se proyecta con la inversión del bien por el mal, o el gran giro de que los villanos son los buenos y los buenos son los villanos.

¿Qué tiene de satánico este recurso? Pues los artífices del control mental han encontrado la forma de llevar esto a la psique humana y es usado constantemente por Hollywood para insertar formas de pensamiento específico.

A un nivel más profundo de control mental, Jack Harper hace el papel de una víctima monarca. El mismo título de la película "*Oblivion*" (El Tiempo Del Olvido), sugiere que sus recuerdos han sido borrados y él ha sido reprogramado para efectuar una tarea específica.

El dron número 166 = 1+6+6 = 13, un número importante en la cábala y el los rituales de las sociedades secretas.

El Mensaje Gnóstico

Cuando Satanás convence a Eva de comer el fruto prohibido usa estrategia de engaño que se asemeja mucho al despertar de consciencia gnóstico. Satanás le dice "Con que Dios ha dicho que morirás ..", "Pues YO te digo que no vas a morir, sino que serás como dios..." implicando que el verdadero Dios le ha mentido para su propia vanagloria y que realmente es la serpiente la que posee la verdad.

Existen otros aspectos importantes en *Oblivion*: Jack Harper, interpretado es una representación alegórica de Cristo, que desciende a la tierra como el elegido y que tiene como propósito salvar a la humanidad de un peligro inminente. A un nivel profundo, todos los cristos representados por Hollywood son en realidad, bajo la luz de la Biblia, figuras anticristos. En otros términos: Hollywood es una herramienta para preparar la llegada del futuro anticristo.

No obstante para las sociedades secretas, Lucifer es el portador de la luz y solo intervino para salvar a la humanidad. En "*Oblivion*" Morgan Freeman interpreta a Lucifer, quien lo libera de las mentiras de Sally.
Sally, una nave-robot con inteligencia artificial que flota sobre la Tierra es la representación de Dios. Casualmente, esta es la que desea eliminar a la humanidad. (Los drones también encajan en este concepto).

Julia es la verdadera esposa de Jack y a su vez es una alegoría a Eva, la que "inconscientemente" lleva a Jack (Adán) a conocer Beech (Lúcifer). En el film la caída de la nave de Julia ocasiona que Jack sea atrapado por la resistencia.

Julia y Jack, Adán y Eva. Los caracteres del mensaje gnóstico.

Otro detalle importante de mencionar es el hecho de que el despertar de consciencia de Jack se gatilla debido a un viejo libro que contenía un viejo poema romano del autor Horacio. Es interesante que el personaje de Beech (Lucifer) es quién ocasiona el encuentro de Jack con este libro (el fruto prohibido del Edén/conocimiento).

Jack lee: "A todo hombre de esta tierra tarde o temprano le llega la muerte ¿Y qué mejor muerte puede haber que enfrentar una suerte adversa por las cenizas de sus padres y el templo de sus dioses?"

Al final de la película, Jack y Beech se sacrifican llevando una ojiva nuclear al interior de Sally para destruirla. Este mismo verso de Horacio es recitado heroicamente por Jack justo antes de suicidarse en la explosión nuclear. Sally le contesta:

"Yo te cree Jack, yo soy tu Dios"

Segundos después una mega explosión nuclear dentro de esta la destruye y deshabilita a los drones de la Tierra. El Dios opresor ha caído y ahora los humanos pueden ser libres de repoblar el planeta. Pero, ¿Quiénes son estos dioses por los que el personaje de Horacio hace referencia? Por supuesto, los dioses romanos:

Venus, Minerva, Apolo, Marte, Júpiter, Mercurio. Al igual que en la "*Matrix*", el robot "Sally" representa al Dios cristiano, el que condena la adoración a otros dioses.

Nuevamente "*Oblivion*" adjunta los simbolismos gnósticos que son vendidos subconscientemente a las masas. La figura que toma el lugar de Cristo (anticristo) salva a los sobrevivientes y promueve las doctrinas satánicas del dios-hombre, el paganismo y el trashumanismo. De la misma forma, relaciona el mensaje del Dios bíblico como el de un ser opresor y vanidoso que no merece ser respetado ni obedecido.

La Clonación y los Humanos Genéticamente Modificados

Uno de los giros inesperados de "*Oblivion*" es el hecho de que Jack realmente es un ser humano clonado. No solo no es el original, sino que es el número 48, abriendo un nuevo concepto sobre qué aptitudes se deberían tener sobre una figura crística clonada.

Jack y Victoria son dos humanos clonados por Sally. Lo que sugiere que Dios no nos ha dado nada que no podamos imitar.

¿Qué es exactamente la clonación? Según Wikipedia, "la clonación puede definirse como el proceso por el que se consiguen, de forma asexual, dos copias idénticas de un organismo, célula o molécula ya desarrollado". Físicamente la ciencia puede hacer esto posible, lo que deben preguntarse es si para Dios es esto aceptable. La Biblia menciona:

Génesis 2:7 *NTV*

Luego el Señor Dios formó al hombre del polvo de la tierra. Sopló aliento de vida en la nariz del hombre, y el hombre se convirtió en un ser viviente.

El hecho de soplar "aliento de vida" deja en claro que solo Dios puede crear un ser humano con alma y conforme a los estatutos morales del creador. Para las fuerzas espirituales de las tinieblas que los manejan es muy importante ir en contra de esto, primero porque necesitan abominaciones genéticas para su nuevo orden mundial, y segundo porque alejará espiritualmente al hombre de su creador. Si no existe un alma que habite a los clones, ¿Qué es lo que está dentro de este? La Biblia vuelve a mencionar sobre el aliento de vida en Apocalipsis:

Apocalipsis 13:15 *NTV*

Luego se le permitió dar vida a esa estatua para que pudiera hablar. Entonces la estatua de la bestia ordenó que todo el que se negara a adorarla debía morir.

Muchos teólogos afirman que el anticristo sería una especie de ser humano clonado, mejorado genéticamente en muchos aspectos, exactamente como el súper-hombre que buscaba Hitler y los experimentos que se efectúan para la creación del súper soldado por MK ultra. Esto a su vez coincide con el libro de Daniel donde dice que en los últimos días "la ciencia se aumentará" (Daniel 12:4) y justo como vemos ha aumentado en la película *Oblivion*.

Una escalera en forma de ADN simboliza la manipulación genética del ser humano.

Si bien ya es perturbador ver dos seres humanos iguales en la misma escena, esto se extiende a un nuevo nivel donde se habla de una mezcla genética entre un clon y una mujer humana. Julia da a luz al parecer a una niña común y corriente. Pero si en realidad es un espíritu demoniaco el que mueve a un clon, ¿Qué es lo que habita en este híbrido humano/demonio? La Biblia expone que los ángeles caídos tienen la habilidad de alterar el genoma humano, y lo han hecho en la antigüedad dando como resultado a los *nefilim* (Génesis 6:1) gigantes que sobrevivieron al mismo diluvio y que fueron creados en contra de los planes de Dios. En la actualidad, nos estamos acercando en un ritmo acelerado a vivir como en los tiempos de Noé.

En Resumen

Muy por encima de lo que asegura la secta de los reptilianos, existe una motivación de Hollywood por la aceptación de los seres clonados y la manipulación genética. Esto debe llevar a una reflexión sobre si de verdad los conceptos personales están siendo moldeados a los planes de las conspiraciones de las tinieblas o si están manteniéndose fieles a la palabra de nuestro creador. Si tu encuentra que unas películas con muchos efectos especiales son más confiables que las escrituras, ha llegado el momento de reconsiderarlo. Debes saturar tu mente y corazón con la verdad de Dios y permitir que esta te cambie en vez de aceptar que el mundo del entretenimiento te transforme y finalmente te haga negar al verdadero Dios y al verdadero Salvador y Señor Jesucristo. El profeta David escribió sobre el creador:

Salmos 139:16 LBLA

Tus ojos vieron mi embrión, y en tu libro se escribieron todos los días que me fueron dados, cuando no existía ni uno solo de ellos.

CAPÍTULO 6

EL TRANSHUMANISMO Y LA DESHUMANIZACIÓN

En estos últimos tiempos, el mundo y sus habitantes están siendo progresivamente influenciados en forma drástica por una escalada de noticias, imágenes, vídeos, largometrajes, documentales, los cuales están invadiendo todos los sistemas de comunicaciones internacionales. Eso hace encaminar a toda la sociedad de la información a una forma de vida tecnificada, altamente robotizada, con personas que dependen totalmente de la tecnología para desarrollar su vida cotidiana y haciendo de la misma una forma de deidad. Esto hace que cada vez la humanidad sienta más empatía por máquinas, robots y demás cosas inanimadas; uno de los resultados curiosos y peligrosos de esto, es que poco a poco se observa como las personas enfocan su sensibilidad a todo lo que tiene que ver con todo esto.

Debido a esta invasión de tecnología súper-avanzada, ¿es posible que los seres humanos sean capaces de emocionarse igual o más con algo inanimado que con otros semejantes? ¿Favorece directamente a las personas todo el acelerado avance tecnológico que les muestran? Por lo tanto, es de entender que el transhumanismo es un punto estratégico en el desarrollo de la planificación de la agenda que se encamina hacia el desarrollo del Nuevo Orden Mundial, y una justificación para la instauración definitiva de "la eugenesia", es decir la mejora de los rasgos hereditarios humanos mediante varias formas de intervención, lo cual analizaremos más adelante.

Los medios antiguamente propuestos para alcanzar estos objetivos se centraban en la selección artificial, mientras los modernos se centran en el diagnóstico prenatal y la exploración fetal, la orientación genética, el control de natalidad, la fecundación in vitro y la ingeniería genética.

La selección artificial de seres humanos fue sugerida desde épocas muy antiguas, fueron diferentes imperios ancestrales que creían que la reproducción humana debía ser controlada por el mismo poder del hombre a través del ejercido de autoridad impuesta por los reyes y gobernantes.

En las filosofías de Grecia ya se mencionaban diciendo, que los hombres perfectos, cohabitaran con las "mejores" tantas veces como sea posible y los "en poco" con las peores. (Veremos más ejemplos de esto en el capítulo 8).

¿Qué es el transhumanismo?

En tiempos pasados, cuando se hablaba del perfeccionamiento humano solo se pensaba en la trascendencia espiritual del ser humano, este pensamiento ha ido cambiando a lo largo de los últimos tiempos. Hoy cuando se habla de perfeccionamiento, son muchos los que creen que la tecnología, es el único medio de alcanzar este fin con una nueva ideología bajo el nombre de "*transhumanismo*". (Recuerda que todo esto tiene que ver con la filosofía y pensamiento del principado de Grecia que magnificaba el perfeccionamiento humano).

Orígenes del transhumanismo

Como concepto contemporáneo la palabra transhumanismo fue introducida por Julian Huxley en 1927. Este fue su concepto: "**la especie humana puede, si lo desea, trascenderse no sólo esporádicamente, un individuo aquí de una manera, otro allí de otra forma, sino en su totalidad como humanidad. Cada vez son más los que proclaman que se necesita establecer un nombre para esta nueva creencia. Quizás, el transhumanismo pueda servir, el hombre sigue siendo hombre, pero transcendiéndose, a través de la realización de las nuevas posibilidades de y para su naturaleza humana**".

Huxley, por tanto, mantenía el concepto pero cambiado el significado. Trans-humanarse se ha convertido en una tarea propia del hombre; conseguir con las nuevas ciencias, (como la tecnología y la biología), **una humanidad**

superior a la actual.

El concepto pasaba así de significar la superación de la humanidad en virtud de la gracia y la acción de Dios, a la superación de la humanidad en virtud de la tecnología como obra puramente humana, **alterando por supuesto el orden establecido y prefijado de antemano por Dios y su misma Palabra.**

Uno de los exponentes más importantes del movimiento transhumanista contemporáneo es Nick Bostrom, quién ha definido el transhumanismo como: **"el movimiento intelectual y cultural que afirma la posibilidad y el deseo de mejorar, en modo fundamental, la condición humana a través de la razón aplicada, especialmente por medio del desarrollo y la larga puesta a disposición de tecnologías para eliminar el envejecimiento y potenciar grandemente las capacidades humanas intelectuales, físicas y psicológicas".**

Bostrom define el Transhumanismo como un movimiento cultural, intelectual y científico, que afirma el deber moral de mejorar la capacidad física y cognitiva de la especie humana y de aplicar las nuevas tecnologías al hombre, de manera que se puedan eliminar los aspectos no deseados y no necesarios de la condición humana como el sufrimiento, la enfermedad, el envejecimiento e incluso a tal punto el intentar ser mortales.

El Transhumanismo se convierte así en un movimiento, en una fuerte ideología, que tiene como pensamiento central filosófico la superación de las limitaciones humanas a través de la razón, la ciencia y la tecnología.

Los orígenes remotos del transhumanismo, se pueden localizar en la exaltación del hombre y la técnica, mediante un saber traducido en hacer. Los transhumanistas se sienten en sintonía con el optimismo de filósofos y científicos ante las posibilidades ofrecidas al hombre por los conocimientos científicos y tecnológicos.

Dentro de este contexto futurista surge la idea de una singularidad tecnológica, en el que anuncian el surgimiento de una súper-inteligencia que superaría a la humana, proponiendo cuatro tipos de súper-inteligencias. A diferencia del transhumanismo inicial, es de saber que esto trae consigo la problemática de dichas súper-inteligencias al poder correr el riesgo de estar fuera del control humano.

Las consecuencias de una posible singularidad tecnológica, es un tema poco estudiado objetivamente; o se rechaza de plano o se acepta.

En la singularidad se cree que mientras más personas conozcan sobre las tecnologías que supuestamente provocarán la singularidad, más conscientes estarán sobre las limitaciones de esas tecnologías. Es obvio, que mientras no tengan claro cómo será la relación futura entre humanos y máquinas cualquier tecnología relacionada con la inteligencia llegará a estar fuera de control.

El Transhumanismo es una ideología de trasfondo filosófico que se presenta como el nuevo paradigma para el futuro de la humanidad. En este paradigma los filósofos y los científicos, procedentes de diversas áreas, cooperarán en un único objetivo: alterar, mejorar la naturaleza humana y prolongar su existencia. En este camino hacia el futuro es necesaria una etapa intermedia que corresponde al transhumano (ahora llamado humano).

El transhumano será el ser humano en fase de transición hacia el post-humano. El transhumano tendrá unas capacidades físicas, intelectuales psicológicas mejores que las de un ser humano normal, pero todavía no habrá alcanzado la realización del posthumano que será un ser, no se sabe bien si natural o artificial, con una esperanza de vida superior a 500 años, sus capacidades cognitivas duplicarán las capacidades máximas de un ser humano actual, tendrá el control de todos los estímulos sensoriales y no sufrirá a nivel psicológico.

El posthumano será alguien totalmente distinto del humano: podrá gozar de una vida más larga sin deteriorarse, con mayores capacidades intelectuales, un cuerpo fabricado a medida, del que podrá hacerse copias, y sobre el que ejercerá un control emocional total. El movimiento transhumanista ha recogido sus bases ideológicas en la declaración de los principios transhumanistas que comienza diciendo:

> En el futuro, la humanidad cambiará de forma radical por causa de la tecnología. Prevemos la viabilidad de rediseñar la condición humana, incluyendo parámetros tales como lo inevitable del envejecimiento, las limitaciones de los intelectos humanos y artificiales, la psicología indeseable, el sufrimiento y el confinamiento al planeta Tierra.

A partir de este primer principio plantean la necesidad de desarrollar al máximo la investigación en nuevas tecnologías e invocan una apertura mental que permita adoptar estas tecnologías sin limitar ni prohibir su uso o desarrollo. Sostienen el derecho moral de utilizar los métodos tecnológicos, por parte de aquellos que los deseen, para potenciar las capacidades físicas e intelectuales y para aumentar el nivel de control sobre su propia vida. Aspiran a un crecimiento personal más allá de las limitaciones biológicas. Consideran que sería una tragedia para el ser humano la pérdida de los potenciales beneficios a causa de una cultura tecnofóbica y por ello pretenden crear foros de encuentro que permitan discutir los pasos a dar y la creación de estructuras sociales y políticas que tomen las decisiones de manera responsable.

Los principios transhumanistas en el futuro, es que

la humanidad cambiará de forma radical por causa de la tecnología. Se provee la viabilidad de rediseñar la condición humana. La viabilidad propuesta para alcanzar sus propósitos se basa en ciertos presupuestos tecnológicos que parten de realizaciones en el campo de la inteligencia artificial y de las tecnologías convergentes o emergentes. Mientras más se conozca sobre las tecnologías que supuestamente provocarán la post-humanidad, más consciente se estará sobre sus posibilidades y sus consecuencias. La puesta en práctica del transhumanismo se apoya en el desarrollo de las llamadas tecnologías convergentes:

"El término Tecnologías Convergentes, NBIC, se refiere al estudio interdisciplinario de las interacciones entre sistemas vivos y sistemas artificiales para el diseño de nuevos dispositivos que permitan suplir defectos o mejorar las capacidades cognitivas y comunicativas del ser humano."

Inteligencia Artificial.

En general la idea de la inteligencia artificial es construir programas que desafíen el comportamiento inteligente de los humanos como el pensamiento, el aprendizaje, la visión, la resolución de problemas y la creatividad.

Esto hoy está siendo implementado cada día más en los negocios, empresas, empleados e incluso, tristemente, en forma equivocada y errónea en muchas llamadas Iglesias.

Cuando se habla de IA fuerte se refiere a la aceptación de que esos programas pueden llegar a ser una representación fiel de los estados mentales y ven como equivalente a los algoritmos computacionales (el software) con los estados de la mente y a la máquina (el hardware) con el funcionamiento del cerebro.

La IA es reduccionista, ya que trata de reducir los procesos de la mente (que son complejos) a programas algorítmicos. Se considera a la mente como un sistema de procesamiento de la información que cumple con las leyes de la manipulación de símbolos.

La singularidad y el surgimiento de súper-inteligencias.

1.-Súper-inteligencia artificial es intentar construir una inteligencia artificial que iguale y después supere a la inteligencia humana.

2.-Súper-inteligencia hibrida es el poder que alcanzará la interconexión entre humanos y sistemas cibernéticos, tales como, prótesis e implantes. De esta manera podrán transformarse en *ciborgs*, seres formados por materia orgánica y biológica mezclada con dispositivos electrónicos.

3.-Súper-inteligencia colectiva es aquella que pronostica el surgimiento de una súper-inteligencia donde estén conectados en redes los humanos y las máquinas, como está sucediendo, hasta cierto punto, a través del Internet. A los cuales se han determinado llamarlos *simborg*, lo que significa individuos cuya consciencia fue grabada en una red electrónica y existe dentro de ese ambiente interconectado.

4.-Súper-inteligencia biológica la cual se refieren al mejoramiento humano a través de la biotecnología, sobre todo modificaciones genéticas. O podrían volverse *siliborgs*, lo cual tiene que ver con un organismo creado en silicio a partir de un ADN artificial.

Todas estas posibles configuraciones parecen estar más cerca de lo que muchos suponen. A este punto de inflexión donde el hombre se fusionaría con la máquina se le ha llamado *SINGULARIDAD*.

La convicción de que los humanos pueden intervenir de una u otra manera en este llamado proceso evolutivo ha sido considerada por el profesor Francis Fukuyama como "la idea más peligrosa del mundo."

Hoy existen dos de las tecnologías que más expectativas despiertan que son las siguientes:

La Nanotecnología

La nanotecnología promete utilizar las herramientas más poderosas y pequeñas (nano-escala) que permitan reproducir la materia. Se aspira, en un futuro, construir nano-máquinas, que se puedan introducir en diferentes partes del cuerpo con el fin de eliminar patologías o discapacidades o incrementar alguna de las facultades humanas. Por lo menos así se intentará hacer ver, ya que el verdadero sentido y propósito será poder controlar a los humanos en el área de la salud y la mente.

La Biotecnología

La biotecnología intenta establecer lo siguiente:

1.- Bebés hechos a la medida

La eugenesia negativa es la eliminación de los bebés defectuosos. La eugenesia positiva, tener al bebe perfecto

2.- La eterna juventud

Reducir las causas de mortalidad entre los jóvenes, combatir la enfermedad entre los ancianos y detener el proceso de envejecimiento.

3.- Clonación

El duplicado exacto de una persona con una alternativa mejorada de la persona. Lo preocupante es que la ideología transhumanista va más allá de simples presupuestos para convertirse en un movimiento con un plan de acción bien determinado que incluye todas las facetas sociales y van desde la creación de institutos, universidades, foros, filmes, propaganda; al extremo que casi todos los institutos y sociedades relacionadas con el futuro de alguna forma comparten los ideales transhumanistas y hoy, hablar del futuro humano, es hablar del transhumanismo.

En los presupuestos tecnológicos se analizaba si se puede, por medio de las tecnologías, mejorar las facultades humanas. Ahora la discusión gira en torno, a si se debe mejorar la condición humana; enfocada a tres conceptos filosóficos: el de naturaleza humana, el de dignidad y el de persona.

El Concepto de Naturaleza Humana

Para los transhumanistas, el ser humano es considerado una máquina compleja, que funciona de una manera mecanicista. No existe nada más allá de lo material, en cambio, para muchos, la comprensión del SER solo es posible si se acepta que son más que individualidades autónomas encerrados en un cuerpo físico con sus limitaciones biológicas.

Por otra parte, los transhumanistas no hacen diferencias entre el funcionamiento de una computadora y el cerebro humano y hacen referencia a los estados mentales como algoritmos que pueden ser programados en una computadora y sueñan con el logro de una mente digitalizada. Parten de la idea que esa mente podrá ser ejecutada en cualquier computadora, pero ignoran que las máquinas no pueden sustituir al cerebro, ya que son artefactos que carecen de sentidos y sensaciones y no están en interacción con el medio ambiente ni con otras personas.

Sobre esto existen largas discusiones y hoy se habla de robots que se muevan en un ambiente natural, capaces de aprender y de interactuar con el medio. En cambio, para los defensores de lo espiritual, el ser humano es más que la definición transhumanista. El hombre creado a imagen y semejanza de Dios, anhela y desea alcanzar la perfección y se siente parte del diseño y propósito del Todopoderoso para su vida, entendiendo que es un ser tripartito espíritu, alma y cuerpo, que trasciende sus propias limitaciones, con el único fin de hacer la voluntad de aquel que le ha dado vida.

En el concepto de persona, la mayor crítica consiste en la reducción de la persona a su racionalidad, por lo que solo es persona aquella que posea raciocinio, lo cual invalida a muchos seres humanos. En cambio, se acepta que las futuras entidades inteligentes, sean consideradas personas, lo cual está acorde con la definición de ser racional.

El Concepto de Dignidad Humana

Este concepto es consecuencia de los anteriores y si se asume el punto de vista racional, el concepto de dignidad humana no tiene ningún significado, ya que la dignidad siempre dependería de algo o de alguien que tendría el poder de asignarla o quitarla, tales como que el principio de que la dignidad humana no se pierde, solo puede ser negada o ignorada por la sociedad, por otros semejantes, incluso, por la propia familia.

Los transhumanistas parten de la racionalización del concepto de dignidad y lo reducen a la idea de calidad de vida y al consumismo que esta genera, lo cual va a llevar de humanos que poseen cosas, a humanos convertidos en cosas; que al insertarse cada vez más dispositivos en su propio cuerpo, **llegará el momento en que dejarán de ser humanos.**

Por otra parte, la ideología transhumanista con sus promesas tecnológicas, podrían acomodar al ser humano a esperarlo todo desde afuera y a no querer superarse a sí mismo ni a desarrollar sus propias fuerzas, se convertirán en seres dependientes de las tecnologías y dejarán de perfeccionarse espiritualmente.

La ideología transhumanista cree que todos los problemas sociales se van a resolver mejorando al humano desde afuera, por medio de la tecnología, lo cual es característico en su visión tecno-individual que pone a las relaciones sociales en función de los intereses individuales y por otra parte minimiza al ser y lo convierte en dependiente o sumiso a las fuerzas externas.

El posthumanismo y el transhumanismo, son las transformaciones del concepto de ser humano en la era tecnológica.

Los términos posthumanismo y transhumanismo tienen tanto en común que algunos críticos los consideran como sinónimos, pues en los dos casos se trata de la intervención en lo natural y humano para modificarlo y convertirlo en posthumano, es decir en un organismo que trasciende los límites biológicos y naturales. Se trata de borrar las fronteras entre lo natural y lo artificial. En el transhumanismo se habla también de la separación de la memoria y de la conciencia del cuerpo para seguir existiendo en vidas virtuales u organismos digitales.

Una de las diferencias que puede establecerse entre transhumanismo y posthumanismo es que el primero está enfocado exclusivamente en la transformación del cuerpo humano y en su trascendencia de los límites biológicos de la naturaleza humana, mientras que posthumano se ha utilizado con una significación más amplia para señalar un mundo natural y modificado, no solo el cuerpo humano sino los alimentos (transgénicos) y los animales (nuevas especies, en vía de experimentación cada vez más agresivas).

Todo esto está estableciendo la plataforma de nuevas ciencias y tecnologías que incluyen la ingeniería genética, eugenesia embrionaria y prenatal, nanotecnología y biotecnología aplicada al cerebro, siendo esto la planificación de un mayor control de los seres humanos.

Pareciera que todo esto fuera una historia de ciencia ficción, mas no lo es.

El científico Mark Gasson, de la Escuela de Ingeniería de Sistemas de la Universidad de Reading en el Reino Unido, asegura haberse convertido en el primer humano infectado por un virus informático. El investigador se introdujo en una mano un chip electrónico como parte de una investigación sobre los riesgos potenciales de los dispositivos implantables.

Sin embargo, el pequeño aparato resultó estar contaminado por un virus. Este virus podría haber sido transferido a otros sistemas electrónicos con los que el científico ha estado en contacto. A su juicio, lo ocurrido destapa la inquietante posibilidad de que, en un futuro, avanzados dispositivos médicos o los implantes sean vulnerables a ataques cibernéticos.

Puede parecer algo extraño, más la cantidad

de información que se da a conocer acerca de la normalidad de estos avances tecnológicos integrados al cuerpo humano es abrumadora y algo impensable por la sociedad de esos días actuales.

Por otra parte también podría darse otra situación, que consistiría en la creación de los trabajadores perfectos. La mente de la colmena, o singularidad, hacia la que están trabajando, se producirá, según ellos, cuando exista la tecnología que permita a los humanos cargar sus mentes a un dispositivo de memoria artificial, una especie de disco duro global, por lo que la inteligencia combinada de todas las mentes crearán esta nueva súper-inteligencia que es la singularidad, o Mente Enjambre.

¿En que se basa toda esta desmesurada ambición y planificación orquestada por las mismas profundidades de la tinieblas? ¿Es natural e inexorable este avance? ¿Sera esto beneficioso?

Queda bastante claro que todo este sistema intenta utilizar y normalizar el transhumanismo para llevar a toda la humanidad hacia el Nuevo Orden de Gobierno Mundial, en donde será masivamente aceptado, bajo sutiles estructuras de engaños y control.

Es de entenderse que el trasfondo del transhumanismo propuesto por el sistema mundial consiste en convertirse en dioses obteniendo las habilidades de la ciencia a través de la tecnología.

Es el intento nuevamente de querer construir la nueva torre de Babel, para desplazar a Dios, el único y verdadero Creador, y colocar al hombre en su lugar. ¿No es acaso el resurgir de la mentira del Edén, cuando la serpiente dijo: "serán como dioses"?

Esto es una muestra de un nivel extremo de vanidad, una actitud errónea que hace mal uso del conocimiento al no respetar el libre albedrío, y que solo atiende a la polaridad oscura del ego que es el amor hacia uno mismo, sin tener en cuenta el amor a los demás y rechazando a Dios y su Palabra revelada.

CAPÍTULO 7

EL TRANSHUMANISMO DENTRO DEL MARCO PROFÉTICO

Es evidente que estamos viviendo en los últimos tiempos y el mundo se acerca cada vez más al día del retorno de Jesucristo en gloria. El aceleramiento inesperado y sorpresivo de los cambios tecnológicos están determinando un papel cada vez mayor en el cumplimiento y confirmación de la profecía bíblica, aunque muchos intenten decir lo contrario.

El desarrollo de tecnologías como la fabricación molecular, la inteligencia artificial y la computación cuántica están produciendo cambios abruptos y radicales en el panorama económico, social y geopolítico mundial. La magnitud en el desarrollo de estas avanzadas tecnologías hará empequeñecer la tecnología e industria en tamaños y escalas, siendo inclusive imperceptible a la vista y al oído de los humanos.

Es menester recordar que las diversas filosofías sociales y movimientos políticos que surgieron durante la revolución industrial, Darwinismo, el marxismo, el comunismo, el fascismo y la eugenesia todo surgió dentro de unas pocas décadas.

Entonces, ¿qué movimientos aún más sutiles y

destructivos podrían explotar en popularidad durante la actual revolución tecnológica ? Si el movimiento transhumanista emprende el vuelo, el resultado será más de lo mismo. ¿Por qué? Porque todos estos movimientos no logran abordar la causa fundamental de la condición humana actual que es la naturaleza pecaminosa del hombre.

En lugar de colocar a Dios en el centro, cada uno de estos movimientos coloca a los hombres haciéndolos ver como extraordinarios dioses en el centro, ya sea a través de medios de una clase llamada la élite gobernante, una raza superior, o el desarrollo evolutivo de mejoras de los seres humanos.

Hubo un tiempo que las teorías evolucionistas de Charles Darwin ganó fuerza generalizada, parece lógico que la mayoría de sus adherentes sería sacar la conclusión de que la versión actual de la humanidad no es producto final, pero sólo una etapa temprana en un proceso de evolución continua. Esta creencia se encuentra en el corazón del movimiento transhumanista. Una característica filosófica común del transhumanismo y el posthumanismo es la visión de futuro de una nueva especie inteligente, en el que la humanidad evolucione, que vienen a completar la humanidad o sustituirla para siempre.

Según esta línea de pensamiento, el ser humano tiene el imperativo moral de hacerse cargo de su propio progreso evolutivo. Filósofos y científicos transhumanistas argumentan que no solo existe un imperativo ético perfeccionista para los seres humanos a luchar por el progreso y la mejora de la condición humana, sino que es posible y deseable para que la humanidad entre en una fase transhumana de la existencia, en el que los seres humanos tienen el control de su propia evolución. En esta fase, la evolución natural sería reemplazada por el cambio deliberado.

Lo que intentan querer lograr con todo esto es el resultado deseado siendo el logro de un estado posthumano, similar al nirvana tal como lo ha enseñado y sostenido la Nueva Era y varias religiones del lejano este, en las últimas décadas. Los pensadores transhumanistas han llegado a decir que los seres humanos pueden llegar a ser capaz de transformarse en seres con que expandan sus capacidades como para merecer la etiqueta de posthumano. Por lo tanto, el transhumanismo se refiere a veces como posthumanismo o una forma de activismo transformacional influido por ideales posthumanistas. Ellos dicen que el próximo paso en la evolución humana es cuando se le logre agregar dos cromosomas más al ADN humano. Aquí vemos, una vez más, que todo esto está conectado con la modificación genética de los seres humanos.

Lo que intenta buscar el movimiento transhumanista es ganar popularidad cuando se acercan a la singularidad. Todo esto no es sino una de las muchas señales proféticas determinantes que dan evidencia demarcatorias de la segunda venida de Jesucristo. Los seres humanos intentan romper sus limitaciones biológicas y la gravedad de la tierra mientras se dirigen contrarios al plan y propósito de Dios. Se puede observar con evidencia notorias el transhumanismo en la profecía bíblica.

La Biblia tiene mucho que decir sobre el futuro. Hace aproximadamente 3.000 años, el rey David escribió sobre los corazones de los hombres justo antes de la manifestación gloriosa de Jesucristo, de cómo los hombres estarían dispuestos a intentar liberarse según ellos de la esclavitud de Dios.

Salmos 2:1-4 *NTV*

1 ¿Por qué se enojan tanto las naciones? ¿Por qué pierden el tiempo haciendo planes inútiles? 2 Los reyes de la tierra se preparan para la batalla, los gobernantes conspiran juntos en contra del Señor y en contra de su ungido. 3 «¡Rompamos las cadenas! —gritan—, ¡y liberémonos de ser esclavos de Dios!». 4 Pero el que gobierna en el cielo se ríe; el Señor se burla de ellos.

Es evidente que en el fin de los tiempos la humanidad se levanta en rebelión y blasfemia contra Dios. La humanidad va a ver sus limitaciones como obstáculos arbitrarios establecidas por Dios y su glorioso poder. La humanidad pareciera prepararse para la batalla contra el Señor en un esfuerzo por romper las cadenas de su opresor percibido. La declaración que afirma el transhumanismo es un deseo que tiene mucho en común con la actitud de la humanidad en los últimos días. Cuando los discípulos le preguntaron a Jesús de cuáles serían las señales del final de los tiempos Él mismo les declaro lo siguiente:

Mateo 24:22 NTV
De hecho, a menos que se acorte ese tiempo de calamidad, ni una sola persona sobrevivirá; pero se acortará por el bien de los elegidos de Dios.

Según la Concordancia Strong, la palabra "carne" en el original de la raíz griega, clave en esta frase, se traduce como /sarx/ y significa: carne (como despojado de la piel o del cuerpo), (en contraposición al alma o espíritu], o como símbolo de lo que es la naturaleza humana externa, tiene que ver con la sustancia del cuerpo, es la totalidad de todo lo que es esencial a lo humano, la parte externa del humano, es la masa corporal, cuerpo físico, parte muscular que cubre los huesos, las limitaciones físicas de la existencia en el cuerpo.

Tomado en su contexto original, Jesús no necesariamente dice que a menos que esos días se acortan, la *humanidad* no sobrevivirá . En cambio, dijo, salvo que esos días se acorten, ningún *persona* sobrevivirá.

Es esto mismo que pretende alcanzar el movimiento del transhumanismo en la transformación de la raza humana en una carrera de posthumanos, que ya no necesitan los huesos ni la piel para cubrir la carne para sobrevivir, entonces estas palabras de Jesús tienen un significado completamente profético con evidencias demarcadas en este tiempo actual.

Pareciera importante entender y suponer que la humanidad tendrá que someterse a algún tipo de transformación radical con el fin de trazar una guerra contra el Dios Todopoderoso. Ya existe el impulso arrogante. Todo lo que queda es la necesidad de un aumento arrollador en el poder humano, que engaña a la humanidad en la creencia de que puede superar el Señor de señores. La Biblia es clara cuando menciona en el texto anterior en donde la humanidad está en última instancia, dirigiéndose en conflicto físico contra Dios:

Apocalipsis 19:19 RVR60
Y vi a la bestia, a los reyes de la tierra y a sus ejércitos, reunidos para guerrear contra el que montaba el caballo, y contra su ejército.

Según la Concordancia Strong, la palabra clave aquí es traducido /polemos/, lo cual significa: la guerra, un solo encuentro o una serie, tiene que ver con batalla, lucha, la guerra. La palabra /polemos/ aparece al menos 16 veces en el Nuevo Testamento, y en cada caso, se refiere al conflicto físico, no espiritual como Pablo se refiere aquí :

Efesios 6:12 ᴺᵀⱽ

Pues no luchamos contra enemigos de carne y hueso, sino contra gobernadores malignos y autoridades del mundo invisible, contra fuerzas poderosas de este mundo tenebroso y contra espíritus malignos de los lugares celestiales.

Cuando Pablo habla de la lucha espiritual, él usa la palabra /pale/. Según la Concordancia Strong, *pále* significa: lucha.

Claramente, la Biblia distingue entre la diaria lucha espiritual con las fuerzas de la oscuridad y el conflicto literal en forma de guerra. En relación con el Anticristo, la reunión en el Armagedón y la manifestación gloriosa de Jesucristo, que es claramente profetizado, el hombre va a participar en una batalla física contra el Dios Todopoderoso.

El poder del Anticristo desafiará con su arrogancia y vanagloria desafiar a los ejércitos celestiales e incluso al Comandante de los Ejércitos Celestiales, Jesucristo. Mas el ataque será inútil. Jesús destruirá al Anticristo y todos los que están alineados en contra de Dios.

En última instancia, la agenda transhumanista no es nada nuevo, ya que este movimiento busca lo siguiente:

> ➢ La inmortalidad humana.
> ➢ El fin del sufrimiento.
> ➢ El fin de la hambruna.
> ➢ El final de la enfermedad.
> ➢ El fin de las discapacidades.

Esto solo lo alcanzarán los hombres y mujeres redimidos por la sangre de Jesucristo, ellos serán testigos verdaderos de lo siguiente:

1.- El fin de la muerte y el sufrimiento

Apocalipsis 21:4 NTV

Él les secará toda lágrima de los ojos, y no habrá más muerte ni tristeza ni llanto ni dolor. Todas esas cosas ya no existirán más».

2.- El fin de la hambruna y la enfermedad

Apocalipsis 22:2 RVR60

En medio de la calle de la ciudad, y a uno y otro lado del río, estaba el árbol de la vida, que produce doce frutos, dando cada mes su fruto; y las hojas del árbol eran para la sanidad de las naciones.

3.- El fin de la discapacidad

Isaías 35:5-6 NTV

5 Y cuando él venga, abrirá los ojos de los ciegos y destapará los oídos de los sordos. 6 El cojo saltará como un ciervo, y los que no pueden hablar ¡cantarán de alegría! Brotarán manantiales en el desierto y corrientes regarán la tierra baldía.

Todas estas esperanzas se realizan en el cielo. Así que, esencialmente, la agenda transhumanista es trata de alcanzar el cielo en la tierra y esto no es lo que Dios ha hablado por medio de su poderosa e infalible Palabra. La ejecución final de la agenda transhumanista es un intento descarado de colarse por encima del muro del redil, en lugar de pasar por la única puerta de salvación quien es Jesucristo mismo.

Jesucristo es la única puerta que conduce al cielo. Los que tratan de entrar por cualquier otro medio están condenados al fracaso.

CAPÍTULO 8

LA EUGENESIA Y LA
SEUDO-PERFECCIÓN

Hoy todo verdadero creyente en Cristo se enfrenta a nuevos retos, nuevos desafíos de como poder establecer los principios de la verdadera Palabra de Dios, en medio de una humanidad tan confundida. No es de extrañarse que el mundo entero vive en tiempos de nuevos descubrimientos dentro de la genética, ante el avance la ciencia y la tecnología.

De acuerdo a declaraciones dichas por connotados y destacados científicos que estudian las diferentes áreas de la ciencia, afirman que en un futuro cercano podrán controlar la raza humana con las diferentes investigaciones e implantaciones de las manipulaciones genéticas que ya están siendo practicadas en muchos países alrededor del mundo.

Dentro de la diferentes áreas de investigación afirman que la eugenesia es uno de los temas de entre los nuevos descubrimientos de la ciencia biogenética.

La eugenesia es la ciencia que estudia y evalúa la manera científica del perfeccionamiento de la raza humana. En este tema es importante hacerse estas preguntas:

> ➤ ¿Qué es la eugenesia?
> ➤ ¿Dónde y cuándo se origina?
> ➤ ¿Cómo fue aplicado durante la historia de la humanidad?.
> ➤ Que dice la biblia con relación a la eugenesia.

El tema de eugenesia con los avances científicos y biogenéticos ha sido uno de los temas más investigados en las últimas décadas. Cada uno de ellos han dado diferentes respuestas desde su punto de vista; ya sean filósofos, biólogos, científicos, sicólogos, teólogos humanistas, abogados, médicos, académicos, o políticos. Todos han dados diferentes formas de expresiones basadas en diferentes alternativas.

Sin embargo el verdadero cristiano, tiene la plena convicción que Dios es la máxima autoridad y cree sin lugar a duda en su existencia.

Es necesario conocer que el principio de autoridad y fundamento para establecer una verdadera definición acerca de la eugenesia en la propia Palabra de Dios. Es necesario poder entender los principios bíblicos que deben predominar en la vida cristiana dentro del marco de la soberanía de Dios sobre el tema. De tal manera que se obtenga información para orientar a los familiares, amigos o hermanos de las congregaciones; que en este caso, puedan sufrir al tener que vivir con hijos o familiares con algún defecto genético.

Como cualquier avance tecnológico, el futuro de la eugenesia ofrece grandes promesas y a la vez algunos peligros de exceso de control, en muchos casos de un ser humano a otro, el cual toca vivir con estos desafíos contemporáneos, al cual no se debe ser ajeno, de cómo se interactúan en la sociedad de estos días.

¿Cuál es la definición de la Eugenesia?

La palabra eugenesia viene de una palabra griega compuesta; *eu* que significa bien y *genesia* que tiene varios significados así como; origen, existencia, creación, nacimiento y proceso de llegar a existir. Es una filosofía social que defiende la mejora de los rasgos hereditarios humanos mediante diferentes formas de intervención. Las metas perseguidas han variado entre la creación de personas más sanas e inteligentes, el ahorro de los recursos de la sociedad y el alivio del sufrimiento humano, según ellos. Se debe aplicar las leyes biológicas de la herencia para perfeccionar la especie humana. De esta manera al hablar de eugenesia tiene que ver con el buen nacimiento, buen origen, buena creación o buen proceso de llegar a existir.

La eugenesia es un pensamiento que tiene que ver con el perfeccionamiento de la raza humana.

Tal como lo define el *Diccionario de la Real*

135

Academia Española: - aplicación de las leyes biológicas de la herencia al perfeccionamiento de la especie humana.

Sin embargo, el perfeccionamiento de la raza humana no solo es por medio de la aplicación de leyes biológicas, sino que es aplicado de distintas maneras y una de ellas es el factor biológico a través de la **manipulación genética.** Es notorio que la eugenesia es una filosofía falsa que aparentemente se reviste del manto de la ciencia, pero en realidad no lo es. Porque sigue pensando que el perfeccionamiento de la raza humana tiene que ver con la manipulación genética usando la selección artificial y biológica. Ambos tienen razón al concordar en la definición de la eugenesia como el perfeccionamiento de la raza humana. Pero, la perfección a la que ambos se refieren es solo física y no integral.

Por lo tanto la eugenesia es un pensamiento de la perfección de la raza humana que ha sido aplicado de diferentes maneras. También la eliminación o perfección de los genes es una eugenesia que hoy se está aplicando, dado que la ciencia biológica ha dado pasos gigantes en cuanto a los estudios genéticos.

Todos los que ya han tratado sobre la eugenesia concuerdan con la idea de que eugenesia como ciencia y movimiento social o ideológico se inició con Galton, en 1883, y desde el mismo viene la clasificación de la eugenesia negativa y positiva. Desde épocas remotas el hombre siempre intentó mejorar su condición de "especie superior", ya sea por cruzamientos seleccionados por poder, por conveniencia, por intereses políticos o simplemente por considerarse omnipotente y único capaz de demostrar su superioridad por sobre sus iguales al punto de manipular embriones y modificarlos genéticamente.

La Eugenesia se puede clasificar en: Positiva/Negativa y Clásica/Moderna. La técnicas que incluye la eugenesia son diagnósticos pre-implantatorios y prenatal, la terapia génica germinal y la ingeniería genética de mejora. La Eugenesia moderna se aplica mediante el aborto en sus diferentes formas, la fecundación in vitro, la esterilización forzada, la eutanasia, el proyecto del genoma humano, mas.

Hoy la eugenesia positiva trata de la mejora de los genes sin problemas. Las metas perseguidas han variado entre la creación de personas más sanas e inteligentes, el ahorro de los recursos de la sociedad y el alivio del sufrimiento humano.

David Atkinson, J. y David Field H. afirman que este énfasis en mejorar el diseño humano supone un contraste radical con los paradigmas médicos convencionales, que subrayan la rectificación de anomalías y la lucha contra la enfermedad, énfasis que recoge como elemento distintivo la eugenesia positiva.

Asimismo, otros estudiosos como Yattencin Bonilla, detectan dos formas de eugenesia positiva, el método de la inseminación artificial puesto que busca crear gente de mayor calidad y la calidad de los genes, que consiste en transmitir genes buenos, o sea, genes seleccionados. Por otro lado la eugenesia negativa es evitar la propagación de gente indeseable, tales como enfermos malformados con retrasos o cualquier tipo de anomalía. Moisés deja bien claro que Dios es un Dios que no hace acepción de personas cuando escribe:

Deuteronomio 10:17 RVR60
Porque Jehová vuestro Dios es Dios de dioses y Señor de señores, Dios grande, poderoso y temible, que no hace acepción de personas, ni toma cohecho.

Las leyes que Dios da en **Levítico 21**, por medio de Moisés, es buscando la santidad, pureza tanto física y espiritual. O sea, una perfección integral del sacerdote y del sacrificio. Esto es una figura que simboliza a Cristo quien fue perfecto, sin ningún pecado, siendo Él mismo el sacrificio, sin defecto, ni mancha alguna.

Sin embargo, vale aclarar que en la antigua ciudad de Esparta se veía de manera más clara la práctica del perfeccionamiento de la raza humana, ya que se seleccionaban los más fuertes entre los más débiles o mal formados. Los ancianos examinaban detenidamente a los recién nacidos. Esta práctica se observa en la selección de los niños para el ejército, donde a los más fuertes se les dejaba vivir y a los bebés más débiles o que tuvieran algún tipo de malformación desde la cima del Monte Taygetus, a 2.400 metros de altura los arrojaban. Todo esto era con el fin de tener un ejército perfecto y más poderoso del mundo.

Es de notar que la aplicación del pensamiento de la perfección física de la raza humana se remonta de manera más clara hasta los espartanos y la filosofía griega. Una filosofía pagana donde no se tenía en cuenta al Dios verdadero, sino más bien era un pueblo politeísta. Siendo su principio de autoridad el poder de la fuerza y la filosofía influenciada por los mitos babilónicos, egipcios y cananeos.

Esta filosofías decían que la reproducción humana debía ser controlada por el gobierno.

Que los mejores cohabiten con las mejores tantas veces como sea posible y los peores con las peores y, si se quiere que el rebaño sea lo más excelente posible, habrá que criar la prole de los primeros, pero no la de los segundos.

Ahí se puede ver ya el pensamiento de perfección de la raza humana a través de la selección, racista y discriminatoria: "los mejores con las mejores los peores con las peores".

Hasta los Romanos tenían prácticas similares ya que arrojaban a los bebes deformes desde la roca Tarpeya, situada sobre un extremo del Capitolio. De esta manera llegamos hasta el siglo XIX cuando en 1883, un año después de la muerte de Darwin, Galton creó un nuevo movimiento; la eugenesia cuyo programa consistía en aplicar las leyes de la genética en la mejora de la raza humana. Galton comenzó estudiando la forma en la que los rasgos humanos intelectuales, morales y de personalidad tendían a presentarse en las familias. Su argumento básico era que el genio y el talento eran rasgos hereditarios en los humanos.

La influencia de Galton fue inmediata y rápidamente obtuvo seguidores, especialmente en Alemania donde se creó la sociedad de Higiene Racial en 1905. Y uno de los conocidos como los nazis de Adolf Hitler fueron famosos por los programas eugenésicos que intentaban mantener. **Buscaban una raza alemana pura mediante una serie de medidas recogidas bajo la llamada higiene racial.** De la misma manera, en Inglaterra en 1907 se fundó la Sociedad Inglesa para la Educación Eugenésica, siendo elegido presidente Galdon.

El segundo mayor movimiento eugenésico se dio en los Estados Unidos. En 1923 cuando se creó la Sociedad Eugenésica Estadounidense. De esta manera países como Estados Unidos, Australia, el Reino Unido, Noruega, Francia, Finlandia, Dinamarca, Estonia, Islandia y Suiza llevaron a cabo programas de esterilización de personas declaradas deficientes mentales por el estado.

Después de la Primera Guerra Mundial, en Estados Unidos surgió la demografía, enmarcada en la eugenesia. Según este nuevo tipo de estudios, la principal causa de súper-población planetaria era la fertilidad femenina.

En resumen, el pensamiento de la perfección de la raza humana, se ha venido aplicando de distintas maneras tal como lo afirma Hector Palma en su Artículo Tecnologías bio-políticas: **"Este último, según los estudiosos es lo que atañe a la ciencia actual, el perfeccionamiento de la raza humana a través de la manipulación genética."**

Genética viene del término gen, y este a su vez proviene de la palabra griega */geno/* que significa la generación, descendencia, la nación, el pueblo, la raza, el linaje como ya lo hemos mencionado en los capítulos anteriores. Entonces, genética es la ciencia que estudia la reproducción de los seres vivos que trata de comprender la herencia biológica que es transmitida de una descendencia o generación las siguientes generaciones. Se dice que cada célula tiene aproximadamente 30 mil genes y la combinación de todos los genes constituye el material hereditario para el cuerpo humano y sus funciones. Los estudios genéticos centran su esfuerzo aquí con el propósito de detectar cada gen y ver la función que está cumpliendo. Si el gen es defectuoso, extraerlo o remplazarlo, y si está en perfectas condiciones, mejorarlos.

La eugenesia trabaja con los genes que están grabados hereditariamente desde los antepasados y como ciencia su intención es perfeccionar el gen que está en buen estado y eliminar los genes defectuosos. Sin embargo, aún no se ha logrado eliminar o mejorar los genes defectuosos. Hasta ahora está siendo como un CD que contiene archivos grabados infectados con un virus que no puede ser borrado ni desinfectado. El antivirus lo detecta pero no lo puede desinfectar porque está grabados en el CD.

Similarmente son los genes en el ser humano, todos tienen genes en óptimas condiciones y genes defectuosos las cuales están grabadas en el cuerpo que pasa de generación en generación. Después de tener la definición de la eugenesia etimológicamente y un panorama analítico de su historia y aplicación, podemos llegar a la conclusión de que eugenesia es vista como una intervención, individual o colectiva, encaminada al perfeccionamiento físico y/o biológico, de la raza humana, la cual se aplica de distintas maneras.

El concepto bíblico del perfeccionamiento de la raza humana es afirmar que la eugenesia bíblica es una eugenesia integral; física y del corazón humano.

Hoy, con el avance de la ciencia y la

biogenética se intenta no solo asesinar a vidas en el vientre de la madre, sino, va más allá de la existencia, se adelanta a hacer un estudio de los genes para evitar la concepción y en últimos casos detectar los genes defectuosos y manipularlos, ya sea, para quitar el gen defectuoso o remplazarlo por uno sin defecto.

Es más, con el descubrimiento del Genoma Humano se pretende descifrar cada vez más el libro de la vida, o sea todo el contenido del material genético de cualquier especie.

De esta manera, se busca perfeccionar físicamente la raza humana. Por tanto, es necesario examinar tres aspectos de la eugenesia en base a la biblia: la definición, los principios que rigen su aplicabilidad y la soberanía de Dios sobre la eugenesia.

La Perfección del Hombre

Efesios 4:13-16 RVR60

13 hasta que todos lleguemos a la unidad de la fe y del conocimiento del Hijo de Dios, a un varón perfecto, a la medida de la estatura de la plenitud de Cristo; 14 para que ya no seamos niños fluctuantes, llevados por doquiera de todo viento de doctrina, por estratagema de hombres que para engañar emplean con astucia las artimañas del error, 15 sino que siguiendo la verdad en amor, crezcamos en todo en aquel que es la cabeza, esto es, Cristo, 16 de quien todo el cuerpo, bien concertado y unido entre sí por todas las coyunturas que se ayudan mutuamente, según la actividad propia de cada miembro, recibe su crecimiento para ir edificándose en amor.

Este es un texto muy a tono con la temática que estamos abordado en el tema de este capítulo, en el que se hace una de las declaraciones importantes del propósito de Dios en cuanto a la manera de alcanzar a ser perfecto. La Biblia nos enseña, y acota sobre "un varón perfecto", entonces, si esta dice "varón" esto significa que está hablando de un ser humano (Génesis 1:27) y por consiguiente, de un ser humano que tiene debilidades, y si tiene debilidades, obviamente no es perfecto; es decir, si se habla de la identidad carne del ser humano, esta no es perfecta, no así, si se habla de la identidad espíritu, esta si es perfecta.

Por eso comprendemos que está hablando de otro tipo de perfección que no depende de la carne, es la perfección en nuestro conocimiento o entendimiento de Jesucristo, y sobre todo de nuestra dependencia en él, sabiendo que la perfección en el espíritu ya nos fue dada por Jesucristo en su sacrificio expiatorio o vicario en la cruz del calvario.

Hebreos 10:14 RVR60
Porque con una sola ofrenda hizo perfectos para siempre a los santificados.
Para llegar a un varón perfecto se necesita el

conocimiento del hijo de Dios. En el antiguo pacto David ya menciona la perfección en el

Salmo 101:2 RVR60
Entenderé el camino de la perfección Cuando vengas a mí. En la integridad de mi corazón andaré en medio de mi casa.

Es importante examinar el concepto eugenésico desde una perspectiva secular y por otra parte el concepto bíblico de la misma. Evaluar las distintas formas de aplicación de la eugenesia a la luz de los principios de las sagradas escrituras establecidos por Dios y finalmente, entender la importancia de la soberanía de Dios con respecto a la eugenesia.

La Perfección Bíblica

Filipenses 3:12- 15 RVR60
No que lo haya alcanzado ya, ni que ya sea perfecto; sino que prosigo, por ver si logro asir aquello para lo cual fui también asido por Cristo Jesús. Hermanos, yo mismo no pretendo haberlo ya alcanzado; pero una cosa hago: olvidando ciertamente lo que queda atrás, y extendiéndome a lo que está delante, **14** *prosigo a la meta, al premio del supremo llamamiento de Dios en Cristo Jesús.*

Sin embargo si leemos el verso 15 dice:

Así que, todos los que somos perfectos, esto

mismo sintamos; y si otra cosa sentís, esto también os lo revelará Dios.

Entonces, ¿a cuál perfección se refiere en el verso 12? La perfección es un espíritu de persistencia, un espíritu de alcanzar nuestras metas en Cristo Jesús como hijos de Dios que somos. Por eso dice: -"*Pero prosigo*" está abierto a crecer, a corregir lo deficiente, es decir, crecer en la gracia que es en Cristo Jesús, esto significa depender total y absolutamente de Él.

Filipenses 4:13 RVR60

Todo lo puedo en Cristo que me fortalece.

Por eso mismo Pablo sufría dolores de parto para que se formase Cristo en los creyentes.

Gálatas 4:19 RVR60

Hijitos míos, por quienes vuelvo a sufrir dolores de parto, hasta que Cristo sea formado en vosotros.

Las Cualidades del Hombre en Perfección

Es importante entender que el hombre perfecto en espíritu, es un hombre apartado para Dios (Santo) sin embargo es de suma importancia el poder sacar o exteriorizar esa Santidad que Dios nos legó en nuestro espíritu.

1 Corintios 1:2 RVR60

A la iglesia de Dios que está en Corinto, a los santificados en Cristo Jesús, llamados a ser santos con todos los que en cualquier lugar invocan el nombre de nuestro Señor Jesucristo, Señor de ellos y nuestro.

El hijo de Dios, se perfecciona y señala sus errores, corrigiéndolos hasta lograr la perfección en ellos

Efesios 4:22-23 RVR60

22 En cuanto a la pasada manera de vivir, despojaos del viejo hombre, que está viciado conforme a los deseos engañosos, 23 y renovaos en el espíritu de vuestra mente,

Aquí se aclara que hay que despojarse del viejo hombre y renovarse en la mente, es decir en el conocimiento. Asimismo hay que vestirse del nuevo hombre, ya que las cosas viejas pasaron.

2 Corintios 5:17 RVR60

De modo que si alguno está en Cristo, nueva criatura es; las cosas viejas pasaron; he aquí todas son hechas nuevas.

Entonces una cosa es ser un creyente convencido y lo otro es ser creyente Formado, alcanzando cada día la estatura a un varón perfecto.

¿Para quienes es la perfección?

La perfección es una posición que Dios le da a los que le han conocido de verdad, es proseguir,

sin mirar atrás, proseguir al premio, sin retroceder para perdición. El varón perfecto no es el que lo intenta hacer solo en su carne, sino por el Espíritu de Dios. El diseño Divino es poder ser afirmado en entender lo que es un *"varón perfecto"*. El medio que debe ser puesto en acción es vivir en *"la unidad de la fe y del conocimiento del Hijo de Dios"* (Efesios 4:13).

Un varón perfecto es el que ha crecido a la estatura plena, el que es la expresión plena de la vida que habita en su interior. No un cuerpo que trata de actuar como la cabeza, ni que está esperando conocer algún día la cabeza. No, este es un cuerpo que lleva en sí mismo la totalidad de la voluntad, deseos, hechos y cosas de la cabeza. Desde la perspectiva de Dios y de acuerdo al plan de Dios, un varón perfecto tiene un cuerpo que lleva en sí mismo la gloria de la cabeza.

¿Qué Dice Dios acerca de la Eugenesia?

Como ya he mencionado anteriormente, hoy la humanidad se confronta a la aplicación de una eugenesia sofisticada, con los avances científicos y biogenéticos. Como afirma Charles Swindoll, la sociedad está en medio de una revolución genética que, según algunos futuristas, tendrá un impacto mayor en la cultura que la revolución industrial de los 1800s. Los conocimientos en esta ciencia se duplican continuamente. Es cierto que los avances científicos y biogenéticos han abarcado cada área de los estudios científicos del pleno siglo 21.

Dios es la máxima autoridad exponente, es necesario creer en su existencia y en su revelación por medio de las Sagradas Escrituras.

Por lo tanto, el principio de autoridad para la definición y ética eugenésica es la misma Palabra de Dios. Observa con atención estos diferentes puntos:

> ➤ ¿Cuál es el concepto de la Biblia sobre la eugenesia?
> ➤ ¿Cuáles son los principios bíblicos fundamentales que deberían regir la forma de aplicar la palabra eugenesia?
> ➤ ¿Qué importancia tiene la soberanía de Dios en los avances científicos biogenéticos?

El concepto bíblico del perfeccionamiento de la raza humana (eugenesia), se remonta hasta Adán. Dios creó a Adán en condiciones perfectas; tanto física como espiritual. La palabra perfecto viene del hebreo /tamîm/ que significa: perfecto, sin mácula, sincero, entero, total, completo, cabal, lleno, intacto, sin defecto, con integridad o que ha alcanzado su máximo desarrollo, la palabra /tamîm/ aparece 90 veces en el Antiguo Testamento en ocho diferentes formas. Lo que resalta es la perfección espiritual, la perfección de conducta del ser humano y de la obra de Dios.

Se puede decir que la Biblia en el Antiguo Testamento no habla de la perfección física de la raza humana. Mas si habla de la perfección de conducta, una perfección interna de la raza humana. Sin embargo, sabemos que en un principio Dios hizo perfecto a la raza humana, en estado de perfección absoluta, hasta que el pecado de Adán trajo consecuencias trágicas para toda la humanidad.

Aun la imperfección física, enfermedades, y todo tipo de mal que tiene el ser humano es consecuencia de la desobediencia de Adán. El verdadero y genuino plan de Dios es que volvamos al mismo estado de Adán, a ser perfectos, tanto físico como espiritualmente.
Como Pablo dice en:

Efesios 5.26-27 *DHH*
26 *Esto lo hizo para santificarla, purificándola con el baño del agua acompañado de la palabra* 27 *para presentársela a sí mismo como una iglesia gloriosa, sin mancha ni arruga ni nada parecido, sino santa y perfecta.*
Efesios 5:26-27 *NTV*
26 *a fin de hacerla santa y limpia al lavarla mediante la purificación de la palabra de Dios.* 27 *Lo hizo para presentársela a sí mismo como una iglesia gloriosa, sin mancha ni arruga ni ningún otro defecto. Será, en cambio, santa e intachable.*

La palabra "perfecto" por primera vez se le adjudica a Noé, varón justo, era perfecto en sus generaciones; con Dios caminó Noé. Aquí se le adjudica una perfección de interna de conducta. Más tarde se le pide a Abraham que sea perfecto en su conducta esto lo vemos en:

Génesis 17:1 RVR60
Era Abram de edad de noventa y nueve años, cuando le apareció Jehová y le dijo: Yo soy el Dios Todopoderoso; anda delante de mí y sé perfecto.

Asimismo, al pueblo de Israel Dios le pide perfección en sus hechos cuando dice en:

Deuteronomio 18:13-14 NTV
13 Sin embargo, tú debes ser intachable delante del Señor tu Dios. 14 Las naciones que estás por desplazar consultan a los adivinos y a los hechiceros, pero el Señor tu Dios te prohíbe hacer esas cosas.

Al leer estos pasajes, es notorio que Dios quiere una eugenesia del ser humano, pero una eugenesia del corazón que se muestre a través de su conducta e integridad en su relación con Él. La eugenesia en el pensamiento secular, se centra en la perfección física, pero, ¿de qué servirá tener gente perfecta físicamente, si su corazón está lleno de maldades y perversidades? La respuesta es, no sirve de nada, es un esfuerzo en vano. Como dijo el Salmista:

Salmos 127:1 RVR60
Si Jehová no edificare la casa, En vano trabajan

los que la edifican; Si Jehová no guardare la ciudad, En vano vela la guardia.

Salmos 127:1 ^{NTV}
Si el Señor no construye la casa, el trabajo de los constructores es una pérdida de tiempo. Si el Señor no protege la ciudad, protegerla con guardias no sirve para nada.

Si Dios no perfecciona la raza humana en vano trabajan los que intentan perfeccionarla físicamente. Para que haya una perfección completa de la raza humana se necesita una perfección hecha por Dios.

Es necesario que, una eugenesia tanto del cuerpo como del corazón pecaminoso del ser humano, acontezca. Sin embargo, tiene que haber una conversión del individuo y un cambio en la forma de vida.

Filipenses 2:14-15 ^{RVR60}
¹⁴ *Haced todo sin murmuraciones y contiendas,* ¹⁵ *para que seáis irreprensibles y sencillos, hijos de Dios sin mancha en medio de una generación maligna y perversa, en medio de la cual resplandecéis como luminares en el mundo.*

La eugenesia, definido como el buen proceso de llegar a existir toma su sentido cuando Cristo empieza a habitar en la vida de cada persona.

Hebreos 10:14 ^{RVR60}
Porque con una sola ofrenda hizo perfectos para

siempre a los santificados.

Hebreos 10:14 NTV
Pues mediante esa única ofrenda, él perfeccionó para siempre a los que está haciendo santos.

Es recién allí, a partir de una verdadera experiencia con Jesucristo, cuando en realidad el individuo comienza el proceso del camino hacia una verdadera perfección. A este se le puede llamar el proceso de llegar a existir y tener vida eterna. Porque el propósito de Dios en crear al hombre, era que tuviera una relación personal con Él eternamente. Tal como Pablo lo dice:

2 Corintios 5.17 RVR60
De modo que si alguno está en Cristo, nueva criatura es; las cosas viejas pasaron; he aquí todas son hechas nuevas.

2 Corintios 5:17 NTV
Esto significa que todo el que pertenece a Cristo se ha convertido en una persona nueva. La vida Antigua ha pasado, una nueva vida ha comenzado.

El verdadero propósito de la eugenesia bíblica es restaurar la raza humana a la misma condición perfecta en que se encontraba Adán antes de la caída.

El Apóstol Pablo con relación a este tema dice a los Romanos lo siguiente:

Romanos 8.21-23 *NTV*

²¹ la creación espera el día en que se unirá junto con los hijos de Dios a la gloriosa libertad de la muerte y la descomposición. ²² Pues sabemos que, hasta el día de hoy, toda la creación gime de angustia como si tuviera dolores de parto; ²³ y los creyentes también gemimos —aunque tenemos al Espíritu de Dios en nosotros como una muestra anticipada de la gloria futura— porque anhelamos que nuestro cuerpo sea liberado del pecado y el sufrimiento. Nosotros también deseamos con una esperanza ferviente que llegue el día en que Dios nos dé todos nuestros derechos como sus hijos adoptivos, incluido el nuevo cuerpo que nos prometió.

Es evidente que estos textos bíblicos te habla incluso de una eugenesia del universo, o sea la totalidad de la creación. Por el momento estás viendo la verdad de la eugenesia de la raza humana tal como Dios lo ha establecido y por otra parte entender que la perfección es un proceso que durará hasta la Venida de Nuestro Señor Jesucristo.

Para este proceso Dios ha dotado de dones a cada creyente tal como dice en:

Efesios 4.12 *RVR60*

¹² A fin de perfeccionar a los santos para la obra del ministerio, para la edificación del cuerpo de Cristo, ¹³ hasta que todos lleguemos a la unidad de la fe y del conocimiento del Hijo de Dios, a un varón perfecto, a la medida de la estatura de la

plenitud de Cristo.

Las dos frases referidas a la perfección son; a fin de perfeccionar y llegar a un varón perfecto a la medida y estatura de Cristo. Se habla aquí de una perfección individual y corporal, que todos lleguemos a la unidad de la fe y del conocimiento del hijo de Dios.

La eugenesia bíblica es a través del conocimiento del hijo de Dios y es un proceso que tiene su consumación en el regreso de nuestro Señor Jesucristo y Pablo lo dice claramente en su carta.

Efesios 5:27 *RVR60*
A fin de presentársela a sí mismo, una iglesia gloriosa, que no tuviese mancha ni arruga ni cosa semejante, sino que fuese santa y sin mancha.

Sin mancha viene de la palabra griega /spilos/ que significa también sin defecto, tiene que ver sin imperfección moral, con relación a personas lascivas y dadas al desenfreno, a las obscenidades, palabras corrompidas de todo aquello que es contrario a la pureza, esto se relaciona con mancha, vergüenza, deshonra y estar fuera de orden. La consumación y restauración del ser humano la puedes ver al leer claramente en lo que menciona Pablo:

1 Corintios 15:51 *RVR*
He aquí, os digo un misterio, no todos

dormiremos; pero todos seremos transformados, en un momento, en un abrir y cerrar de ojos, a la final trompeta; porque se tocará la trompeta, y los muertos serán resucitados incorruptibles, y nosotros seremos transformados. Porque es necesario que esto corruptible se vista de incorrupción, y esto mortal se vista de inmortalidad.

Pablo declara que el final de la perfección será con un cuerpo transformado, libre de algún defecto, tanto físico como espiritual. Es más, no solo será perfecto el ser humano sino también el universo entero. Esto lo vemos claramente en la visión de Juan en:

Apocalipsis 21:1 ᴿⱽᴿ
Vi un cielo nuevo y una tierra nueva; porque el primer cielo y la primera tierra pasaron, y el mar ya no existía más.

Dentro de los planes de Dios este es el final de una tierra para ser cambiada en nueva. La única verdadera eugenesia es posible solo con la intervención de Dios, quien hará un perfeccionamiento completo, físico y espiritual, que se inicia con la fe en Nuestro Señor Jesucristo y lleva su proceso de acuerdo al conocimiento del hijo de Dios y la intervención de otros creyentes en su crecimiento en la fe, completando su perfección total con el momento extraordinario del arrebatamiento de la iglesia en Gloria con cuerpos transformados, completamente perfectos.

Cada persona tiene voluntad propia y según el concepto que tiene de las cosas, actúa. Por eso la biblia te enseña a como renovar tu mente constantemente en *Romanos 12* y no es que está todo programado; en el ámbito espiritual, debes de tener una relación única con Dios. El único que te trajo a la existencia para relacionarte, y depender siempre de Él.

La eugenesia en el pensamiento secular está influenciado con la teoría de la evolución y olvida que Dios creó la vida.

Porque si Dios no creó la vida, entonces serias el resultado de acontecimientos de la casualidad en el universo, ¿Qué significado tiene la vida humana, entonces? Por eso la ciencia, a través de la eugenesia, trata como sea, porque cree que el humano es solo el producto de materia. Pero la Biblia claramente dice:

Salmos 94:11 NTV
El Señor conoce los pensamientos de la gente; ¡sabe que no valen nada!

El hombre y la mujer no es nada sin Dios, Él es quien permite todo lo que la ciencia hasta ahora conoce. Entonces, recuerda que solo eres criatura de Dios y Él es tu creador.

Por lo tanto, el ser humano fue creado para depender por amor de quien lo formo. Dios le proveyó todo a Adán y Eva, pero ellos tenían que cumplir con su mandato. Sin embargo por desobedecer, también paso a su descendencia la maldición. Por eso Pablo escribe en:

Romanos 1:21-25 ᴺᵀⱽ

²¹ Es cierto, ellos conocieron a Dios pero no quisieron adorarlo como Dios ni darle gracias. En cambio, comenzaron a inventar ideas necias sobre Dios. Como resultado, la mente les quedó en oscuridad y confusión. ²² Afirmaban ser sabios pero se convirtieron en completos necios. ²³ Y, en lugar de adorar al Dios inmortal y glorioso, rindieron culto a ídolos que ellos mismos se hicieron con forma de simples mortales, de aves, de animales de cuatro patas y de reptiles. ²⁴ Entonces Dios los abandonó para que hicieran todas las cosas vergonzosas que deseaban en su corazón. Como resultado, usaron sus cuerpos para hacerse cosas viles y degradantes entre sí. ²⁵ Cambiaron la verdad acerca de Dios por una mentira. Y así rindieron culto y sirvieron a las cosas que Dios creó pero no al Creador mismo, ¡quien es digno de eterna alabanza! Amén.

Adán había recibido el huerto y la presencia de Dios estaba con él. Es allí donde era tan clara la obra de Dios a su favor, no fue consecuente en obedecerle, ni tampoco mantuvo la forma de ser agradecido, como dice Pablo, por medio de obedecerle.

Ejemplo está en las siguiente generaciones después de la creación, cuando se unen en una misma mente para edificar una torre que llegara hasta el cielo. Ahí se puede ver otra vez la intención del ser humano de pelear contra Dios. Ya que querían llegar al cielo y tirarle flechas para matar a Dios. El problema no era la construcción de la torre de Babel, sino la soberbia del hombre en su intención de independizarse del creador

Génesis 11:4-5 NTV

Entonces dijeron: Vamos, construyamos una gran ciudad para nosotros con una torre que llegue hasta el cielo. Eso nos hará famosos y evitará que nos dispersemos por todo el mundo. Pero el Señor descendió para ver la ciudad y la torre que estaban construyendo.

La expresión de llegar hasta el cielo es una expresión característica de un proyecto desmesurado que pretende traspasar todos los límites en una actitud de rebelión contra Dios.

De la misma manera, con el pensamiento eugenésico secular, el control del ser humano muchas veces la tiene otro ser humano. Los fuertes a los débiles e indefensos, engañando a la gente ignorante. Han eliminado muchos fetos, con la excusa de mejorar la raza. Tal como te he compartido en el primer capítulo del mismo, en la historia del pensamiento eugenésico.

Hoy también puedes ver la misma intención del ser humano de tener el control de la raza humana y dirigir así muchas veces la perfección de la raza humana, con fines totalmente opuestos a Dios.

La preocupación de la ciencia biomédica, en perfeccionar la raza humana y de alguna manera encontrar la felicidad en las personas y familias, que tanto sufren por las enfermedades genéticas, en un sentido parece honroso. Con todo esto, muchas veces los medios que usaron y siguen usando, actúan mal, por ejemplo el aborto eugenésico.

Todo esto va en contra del principio de autoridad que Dios ha dejado, que es la Biblia. Se puede percibir al ver de manera más clara el proyecto del genoma humano, el cual es por ahora desarrollado por parte de Estados Unidos y otros países de gran potencia. Sin embargo, ya circula información amplia por internet, y otros medios de comunicaciones en la redes sociales, lo grave del asunto es que olvidaron el propósito con el cual fueron creados y están queriendo tener en cierta manera el control sobre otros seres humanos, privándolos de la libertad que Dios le dio a cada uno.

La biblia dice que la vida la dio Dios mismo:

Génesis 2:7 *RVR60*
Entonces Jehová Dios formó al hombre del polvo de la tierra, y sopló en su nariz aliento de vida, y fue el hombre un ser viviente.

Al primer hombre Dios le dio el aliento de vida, entonces Dios es quien da la vida y no solo eso sino también quita la vida, porque Él es dueño de la vida.

1 Samuel 2:6 RVR60
Jehová mata, y él da vida; Él hace descender al Seol, y hace subir.

Y según la declaración bíblica, la vida no empieza desde que nace, sino, desde la concepción. El Salmista afirma que Dios ya le había formado desde el vientre de la madre.

Salmos 139:13 RVR60
Porque tú formaste mis entrañas; Tú me hiciste en el vientre de mi madre.

La vida del hombre está determinada por Dios desde sus orígenes. No importa el tamaño del feto, por más pequeño que sea, ya es vida por tanto se debe respetar. El derecho a la vida es un principio que ayuda para el problema del aborto eugenésico. Porque, la vida tiene un propósito, y uno de ellos, es la eternidad y generalmente los que más se acercan a Dios, son las personas más necesitadas.

Convincentemente la vida de ellos está asegurada en la eternidad. No esperan un gozo pasajero, sino una vida feliz en la eternidad. La esperanza de ellos es *la eugenesia* hecha por Dios mismo, completa y perfecta.

Dios es el creador y dueño de la vida del ser humano, siendo así, el ser humano una criatura creada por Dios, para obedecerle y glorificarle, ya que Dios es el dueño, y el hombre o mujer una criatura de Dios, la responsabilidad que Él ha dado es el respetar la vida unos a otros. Porque la vida es un don de Dios y es lo más maravilloso que el hombre puede tener.

Las manipulaciones genéticas da a los científicos la capacidad de creerse dioses y creer que toda la vida es resultado de una evolución que necesita perfeccionarse. Mas carecen de sabiduría. Deberían recordar lo que dice en:

Proverbios 9:10 LBLA
El principio de la sabiduría es el temor del SEÑOR, y el conocimiento del Santo es inteligencia.

Aun el salmista declara:

Salmos 144:3 LBLA
Oh SEÑOR, ¿qué es el hombre para que tú lo tengas en cuenta, o el hijo del hombre para que pienses en él?

Siendo así, todos deberían aceptar humildemente que Dios es el único creador y soberano mientras que el hombre solo tiene conocimientos limitados. Dios está al cuidado de la creación, aunque le entrego esa responsabilidad al hombre.

En conclusión, la eugenesia trata el perfeccionamiento de la raza humana. Sin embargo, este es orientado a la perfección física solamente.

Se ha intentado muchos cambios de distintas

maneras, pero aún no se ha logrado hasta el día de hoy, ni se podrá lograr, porque el ser humano es limitado por tener un corazón desviado de Dios.

CAPÍTULO 9

LA SINGULARIDAD Y LA IMAGEN DE LA BESTIA

Hoy en día, cada vez más, se habla en el escenario de la ciencia avalado por muchos científicos diciendo, que los seres humanos están a punto de evolucionar artificialmente y convertirse en algo diferente hasta ahora. ¿Estamos preparados para afrontarlo?

La Singularidad será un acontecimiento que posiblemente pudiera suceder dentro de unos años con la ayuda del aumento del progreso tecnológico, debido al desarrollo de la inteligencia artificial. Eso podrá ocasionar cambios sociales inimaginables, imposibles de comprender o predecir por cualquier humano.

En esta fase de la evolución se producirá la fusión entre tecnología e inteligencia humana, siendo esto los planes más ambiciosos del transhumanismo

Finalmente ellos intentarán hacer creer a toda la sociedad del mundo que la tecnología dominará los métodos de la biología hasta dar lugar a una era en que se impondrá la inteligencia no biológica de los posthumanos que se expandirá por el universo.

Las computadoras tendrán una inteligencia que

los hará indistinguibles de los humanos. De esta forma, la línea entre humanos y máquinas se difuminará como parte de la evolución tecnológica.

A través de diferentes experimentos científicos han llegado a decir que los implantes cibernéticos mejorarán a los seres humanos, dotándolos de nuevas habilidades físicas y cognitivas que les permitirán actuar integradamente con las máquinas.

La ideología transhumanista está muy extendida en los ámbitos científicos que desarrollan tecnologías NBIC, que en sus siglas es: (nanotecnología, biotecnología, tecnología de la información, y la ciencia cognitiva). Encontrando otros como inteligencia artificial, robótica o neurociencia espiritual, así como entre filósofos, intelectuales, financieros y políticos que buscan una finalidad, "la mejora de la especie humana, el cambio en su naturaleza y la prolongación de su existencia".

Los científicos además han definido el transhumanismo como un movimiento cultural, intelectual y científico que afirma el deber moral de mejorar las capacidades físicas y cognitivas de la especie humana, y aplicar al hombre las nuevas tecnologías, a fin de que se puedan eliminar los aspectos no deseados y no necesarios de la condición humana.

Recordemos que un posthumano sería un ser

(natural-artificial) con unas capacidades que sobrepasarían las posibilidades del hombre actual. Esta superioridad sería tal que eliminaría cualquier ambigüedad entre un humano y un posthumano, completamente diferente y más perfecto.

Las tecnologías aplicadas al territorio y a la ciudad entendida como un sistema de información permitirán abstraer esta información de su soporte físico material, integrándola en un sistema operativo externo que facilitará una gestión urbana más inteligente. La sociedad de la información se debate sobre el futuro de la condición humana, la organización social, el hábitat urbano, y la relación con el orden natural que rige el mundo y todo el universo. Todo esto, sin lugar a duda, nos va mostrando la plataforma que se va estableciendo para la manifestación de todo lo que se relaciona al misterio de la iniquidad.

El transhumanismo quiere introducir artificialmente unas mejoras (genéticas, orgánicas, tecnológicas) en el hombre con el objetivo de **hacerlo diferente a lo que es.**

Lo que intenta hacer por medio de la medicina regenerativa o la robótica, es verdaderos ciborgs (seres biónicos), con partes avanzadas de máquinas integradas en el cuerpo, cuyas les permitirán interactuar mentalmente con otros individuos y con súper-ordenadores o androides.

Sin embargo, el peligro de esta supuesta mejora humana promovida por el transhumanismo comportaría a la larga la desaparición de lo que el humano es ahora, quizás pasando por una sumisión a los nuevos posthumanos.

¿Está preparada la humanidad para eso? ¿O bien piensan que pueden conservar el patrimonio genético (cuya manipulación es objetivo prioritario de los transhumanistas) y seguir siendo hombres o mujeres?

Los códigos bioéticos prohíben la modificación genética de las células de la línea germinal, precisamente con el fin de evitarlo. Cada día se estudia y se conoce mejor el genoma humano y por otra parte cada día crece lo que se desconoce.

Podemos hacer las siguientes preguntas: ¿De verdad unos seres posthumanos, súper-dotados físicamente y cognitivamente, en realidad serán más felices que los humanos de la actualidad? ¿En qué punto dejará el humano de ser como tal para convertirse en otra especie totalmente diferente? ¿Podrá una especie posthumana recibir perdón por sus pecados si no son verdaderos humanos? ¿Está todo esto encaminando a crear sociedades totalitarias, como la reflejada en la película reciente *Elysium*, en el que estos posthumanos dominan y desprecian a los humanos "inferiores"?

Por lo tanto, la Singularidad se refieren a un

punto de la historia futura de la humanidad en donde intentan establecer que las propias máquinas superen al propio hombre, tratando de producir una vertiginosa aceleración del proceso evolutivo de imprevisibles consecuencias para el desarrollo del hombre. El centro de estudios de la compañía *Google* ha llegado a la conclusión que la inteligencia artificial sobrepasará la inteligencia humana para el año 2029.

La situación a la que intenta llegar es que a medida que las máquinas sean cada vez más y más inteligentes, en un determinado momento, estas serán capaces de crear a su vez otras máquinas todavía mejores, que a su vez harán que el avance tecnológico sea a su vez más rápido. Es desarrollar un plan sumamente destructivo en que cada generación superará a la precedente a un ritmo cada vez mayor, en donde el ser humano quedaría como un mero espectador.

Muchos futuristas seculares (que usan métodos no-ocultistas para predecir el futuro) dicen que llegará el punto que estas máquinas súper-avanzadas, decidirán si la raza humana merece vivir o es simplemente un estorbo para el planeta tierra. Si las máquinas llegan a la conclusión (y es muy posible) que la raza humana es un problema para el planeta al opuesto de una ayuda, será determinado que los humanos deben ser eliminados. Esto causará la guerra entre humanos y no humanos del futuro descrito en muchas obras y películas de ciencia ficción. **Esto es otra evidencia que la venida de Cristo está más cerca que nunca ya que en la Biblia no existe ninguna profecía del tiempo del fin que haga referencia a un futuro en el cual la raza humana ya no existe.**

¿Y qué de humanos peleando una guerra contra máquinas avanzadas? Leamos textos de la Palabra de Dios que nos dan la respuesta

Apocalipsis 15:2 NTV
Vi delante de mí algo que parecía un mar de cristal mezclado con fuego. Sobre este mar estaban de pie todos los que habían vencido a la bestia, a su estatua y al número que representa su nombre. Todos tenían arpas que Dios les había dado.

Si la bestia representa una fuerza no-humana bio-tecnológica, entonces sí existe la posibilidad que habrá una guerra de humanos contra no-humanos, pero algo es claro: Solo los que confían en el Cordero de Dios vencerán, y Jesucristo mismo intervendrá al final de esta guerra y vencerá a la Bestia y al Falso Profeta.

Apocalipsis 2:10 NTV
No tengas miedo de lo que estás a punto de sufrir. El diablo meterá a algunos de ustedes en la cárcel para ponerlos a prueba, y sufrirán por diez días; pero si permaneces fiel, incluso cuando te enfrentes a la muerte, te daré la corona de la vida.

Juan 16:33 ^{RVR60}

Estas cosas os he hablado para que en mí tengáis paz. En el mundo tendréis aflicción; pero confiad, yo he vencido al mundo.

Apocalipsis 19:19-21 ^{NTV}

¹⁹ Después vi a la bestia y a los reyes del mundo y sus ejércitos, todos reunidos para luchar contra el que está sentado en el caballo y contra su ejército. ²⁰ Y la bestia fue capturada, y junto con ella, el falso profeta que hacía grandes milagros en nombre de la bestia; milagros que engañaban a todos los que habían aceptado la marca de la bestia y adorado a su estatua. Tanto la bestia como el falso profeta fueron lanzados vivos al lago de fuego que arde con azufre. ²¹ Todo su ejército fue aniquilado por la espada afilada que salía de la boca del que montaba el caballo blanco. Y todos los buitres devoraron los cuerpos muertos hasta hartarse.

La Lucha por la Humanidad

Apocalipsis 14:9-11 ^{RVR60}

Y el tercer ángel los siguió, diciendo a gran voz: Si alguno adora a la bestia y a su imagen, y recibe la marca en su frente o en su mano, él también beberá del vino de la ira de Dios, que ha sido vaciado puro en el cáliz de su ira; y será atormentado con fuego y azufre delante de los santos ángeles y del Cordero; y el humo de su tormento sube por los siglos de los siglos. Y no tienen reposo de día ni de noche los que adoran *a la bestia y a su imagen, ni nadie que reciba la marca de su nombre.*

Daniel 2:43 ^{NTV}

Esta mezcla de hierro con barro también demuestra que esos reinos procurarán fortalecerse al hacer alianzas matrimoniales; pero no se mantendrán unidos, así como el hierro y el barro no se mezclan.

El ultimo reino que resurgirá en los últimos tiempos, de acuerdo a la interpretación de Daniel con relación al sueño que tuvo el rey Nabucodonosor, es el que está representado por los diez dedos de los pies, mezclados en con barro y hierro. Esos diez dedos representan diez reyes o reinos. Sin embargo, hay algo muy importante que resaltar mientras estudiamos todos los detalles de los acontecimientos actuales, ya que el texto original indica que "ellos se mezclarán con simiente humana".

En la Biblia Reina Valera de 1569 muestra el texto original, al igual que una versión Septuaginta. Cabe recordar que esa parte del libro de Daniel fue escrita originalmente en arameo y la frase en arameo transliterada es "bizra' anasha" - traducida como "con la simiente de los hombres o humanos". La Biblia versión Reina Valera de 1569 lee de la manera siguiente:

Daniel 2:43 ^{RVA}

Cuanto á aquello que viste, el hierro mezclado con tiesto de barro, mezclaránse con simiente humana, mas no se pegarán el uno con el otro, como el hierro no se mistura con el tiesto.

La Biblia en inglés, la traducción Nueva Versión King James, contiene el texto correcto indicado: "...*they will mingle with the seed of men*" (ellos se mezclarán con la simiente de los hombres).

Esta palabra simiente en el diccionario bíblico hebreo es la palabra *zera anasha* igual a simiente, descendencia humana. Esta palabra tiene que ver con alianzas humanas.

Esa palabra original – en arameo בְּזְרַע *bizra*, equivalente al hebreo *zera* = simiente- significa descendencia, genealogía, material genético, que también se podría llamar ADN (Génesis 3:15).

Entonces los "ellos" mencionados en el texto no son humanos, pues si lo fueran no tendría sentido indicar que se mezclarán con simiente humana (en el original arameo *bizra anasha* es simiente humana pues la palabra aramea *anasha* se usa para indicar hombres – humanidad), y los ellos se refiere a los reyes del siguiente poderío o reino mundial que aún está por ocurrir.

En el original arameo la palabra traducida como mezclarán es *mit'arvin* – del verbo arameo *arab* y correspondiente al hebreo *arab* - mezclar y usado en Esdras 9:2 donde se utiliza mezclado en el sentido en que la simiente, descendencia, ADN, del linaje santo se había mezclado con las gentes del país.

Satanás se beneficiaria de que la gente ignore sus estrategias y el alcance e implicaciones de las mismas.

Daniel 2:43 es un texto clave para entender la profecía bíblica para el final de los tiempos.

¿Cuándo Pretenden llegar a la Singularidad?

En general, se considera que existen cuatro pilares necesarios para poder llegar a la singularidad:

1. El desarrollo de una máquina que alcance el nivel de la inteligencia humana y que seguidamente lo supere.

2. El desarrollo de las redes de ordenadores, estas redes equivaldrían a los circuitos neuronales que los seres humanos tienen dentro de sus cerebros, y en un determinado momento, este cerebro distribuido tendrá que despertar como un Ser Inteligente. Esto equivaldría a una máquina con conciencia y voluntad propia que en cierto modo podría actuar como director de orquesta de los próximos cambios.

3. El desarrollo de la convergencia entre el ser humano y la máquina. Dicho de otro modo, las máquinas solamente serían superiores al hombre durante un espacio de tiempo muy corto, es más, si el hombre no es capaz de alguna manera de realizar

> un proceso de adaptación con estas nuevas máquinas lo más probable es que pudiera llegar a desaparecer.
> 4. El desarrollo evolutivo en donde el hombre habría quedado superado por sus propias creaciones, por tanto se hace necesario el desarrollo de nuevos elementos (interfaces) de relación e interacción con los ordenadores que les permitan a los seres humanos equipararse a ellos y actuar a su vez, como un seres súper-inteligentes.

Todo esto se encamina de una forma evidentemente clara al cumplimiento profético de cada detalle que demarca la escatología bíblica.

Hablar de manipulaciones biológicas como la creación de prótesis que permitirán mejorar el nivel de inteligencia. Llevado a un nivel extremo este punto podría ser en la transmisión de la propia conciencia desde el cuerpo biológico a otro mecánico.

Dando Vida a la Imagen de la Bestia

Apocalipsis 13:15 RVR60
Y se le permitió infundir aliento a la imagen de la bestia, para que la imagen hablase e hiciese matar a todo el que no la adorase.

Por años, los estudiosos del Apocalipsis han interpretado de diferentes maneras de los detalles del cumplimiento acerca de cómo sería esta imagen de la bestia, que hasta logrará cobrar vida y ejercer autoridad en nombre del anticristo. La palabra "bestia" en uno de los significados del diccionario griego bíblico es: un animal salvaje, cualquier criatura viviente no humana, seres sobrenaturales semejantes a animales.

En el libro de Apocalipsis, no especifica exactamente cómo será esta imagen, sin embargo viendo el avance de la ciencia en todo esto que he estado mencionando anteriormente, podría destacar dos características principales sobre cuál y cómo será la imagen de la bestia.

1.-Una estatua de algún tipo hecha con una apariencia igual al anticristo la cual será poseída por un demonio haciéndola hablar y moverse en cierta forma dándole aliento de vida.

En los últimos años se han dado reportes de que estatuas de ídolos, vírgenes y dioses paganos han sido vistos moviéndose abriendo y cerrando los ojos, derramando lagrimas e incluso bebiendo lo que se le pone en la boca. Muchos de estos fenómenos han sido grabados en video. Todo esto muestra la forma sutil de la tinieblas para cautivar a millones de personas en la práctica de la idolatría y paganismo.

2.-La Singularidad (omega), es otra posible característica de cómo será dada vida a dicha imagen. Una súper computadora viviente o pensante (AI) suficientemente avanzada como para tener conciencia de sí misma y una inteligencia muy superior a la de cualquier humano.

La teoría de la computadora viviente suena a ciencia ficción, sin embargo la realidad es que varios científicos y expertos en computación reunidos en Jaffa, Israel anunciaron el 12 de Marzo del 2012 que están a punto de crear o ver el nacimiento de este tipo de súper computadora llamada singularidad.

Como es mencionado anteriormente, estas máquinas tendrán metas propias más allá de su programación y pudieran tomar el control o mandar a eliminar personas si esto ayuda a su meta personal.

En 1993 Vernot Vinge, del departamento de ciencias y matemáticas de la Universidad de San Diego, predijo que dentro de los próximos 30 años será creada una súper computadora con inteligencia artificial sobrehumana. También se menciona la idea de implantes que permitan una conexión directa entre hombre y la máquina.

El conocido físico teórico Michio Kaku mencionó que con la creación de la singularidad no solo se tendría una computadora pensante, sino que también los humanos podrán conectarse directamente a ella aumentando la propia capacidad a niveles tan altos que podrían llegar a ser dioses.

Muchos científicos combinan el transhumanismo por las religiones orientales como el budismo, Hinduismo, buscando endiosar al hombre mediante una combinación de religión pagana con tecnología e implantes.

Esto afirma en forma consistente que la etapa final, será una súper religión mundial combinada con la tecnología transhumanista. Esto quiere decir expansión del movimiento de la Nueva Era y las religiones orientales con un toque cibernético.

La Bestia de Bruselas

Hoy es de conocimiento público que en Bruselas, capital de la Unión Europea, hay una súper computadora de tres pisos de altura capaz de programarse a sí misma y contiene información sobre cada persona nacida en el mundo industrializado y es conocida como "La Bestia de Bruselas".

La mayoría de los estudiosos de la profecía escatológica identifican a la Unión Europea como el imperio Romano renacido del cual saldrá el anticristo, el hombre de pecado, a quien la Biblia identifica como la bestia.
Todo esto está siendo confirmado aceleradamente.

TED

TED, con sus eventos TEDx, es una organización dedicada al mejoramiento de la existencia humana mediante la innovación tecnológica. Se han llevado a cabo una serie de conferencias en Bruselas donde varios científicos y conferenciantes se dedicaron a decir claramente que no se debe esperar a un mesías o un salvador y que en lugar de eso, encontraremos inmortalidad y la solución a todo problema por medio de la ciencia cuántica. Esto traerán avances en la inteligencia artificial e interfaces celébrales que darán poder para controlar el entorno en que viven los humanos. A la interface cerebral ya en uso actual se le llama "el yelmo de Dios (*The God Helmet*)". Uno de los mismos conferenciantes, el Dr. Hameroff, dijo que su ciencia cuántica salvará el mundo y que la biología cuántica concuerda con las creencias de las religiones orientales como ser, el Budismo, Hinduismo y muchas otras más.

Las Posibilidades

Creo que cualquiera de estas dos características y teorías son posibles. Puedo ver que la idea de la Singularidad es la más probable al considerar *Apocalipsis 13:15-18*.

En esta porción de la escritura v. 15-18 habla de una imagen que le será dada aliento por la bestia, un objeto, estatua o maquina pensante que toma decisiones por sí misma pero que vela por los intereses de la bestia que le dio aliento y esto implica que esta imagen controla un enorme sistema informático manejando toda transacción monetaria parecido a como se hace hoy en día con los centros de cómputos comerciales y les impone a todos el ponerse un implante para conectarse con ella o pena de muerte (La marca de la bestia). Es posible que el anticristo ofrezca como incentivo a ponerse la marca con las promesas de ser como dioses mediante un interface máquina-hombre que les permita tener habilidades aumentadas e iluminación consistente con lo que enseña la falsa creencia de La Nueva Era. El mismo engaño que Satanás usó con Adán y Eva cuando les dijo "serán abiertos vuestros ojos, y seréis como Dios". Génesis 3:5.

Esta es, sin lugar a duda, otra señal más de que estamos muy cerca del arrebatamiento de la Iglesia y en el cumplimiento de todo aquello que Dios ha revelado en el libro de Apocalipsis. Prepárate hoy y busca la verdadera salvación que solo Jesucristo puede dar y determina en tu vida vivir y amar cada vez más la santidad.

Apocalipsis 2:11 NTV
Todo el que tenga oídos para oír debe escuchar al Espíritu y entender lo que él dice a las iglesias. Los que salgan vencedores no sufrirán daño de la segunda muerte.

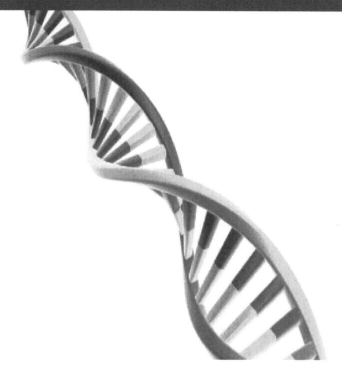

CAPÍTULO 10

LA SEUDO-IDEOLOGÍA DE LA INMORTALIDAD

Científicos de varios países andan en la búsqueda de la inmortalidad. Recientemente se han publicado noticias donde han anunciado grandes avances hacia este fin. La especie humana podría **alcanzar la inmortalidad** en este mismo siglo, creen. Ésta es la conclusión a la que han llegado numerosos científicos, neurólogos, médicos, ingenieros y biotecnólogos que se han dado cita en el foro "**Futuro Global 2045**".

En Junio del 2013, expertos en varias disciplinas se dieron cita en Nueva York en un congreso internacional dedicado a la inversión e investigación de la **inmortalidad**. El empresario que fundó "Futuro Global 2045" es el ruso Dmitry Itskov, como un proyecto científico dedicado a la búsqueda de la vida eterna. "El proyecto GF 2045" consiste en una evolución en cuatro fases que culminaría en el lustro entre 2045 y 2050. Las fases se dividen en Avatar A, Avatar B, Avatar C y Avatar D.

Según los científicos, se encuentran muy cerca ya de completar la primera fase de las cuatro proyectadas: "La primera parte está ya casi totalmente alcanzada, que es la creación de un robot controlado por el cerebro humano".

La fase Avatar B sería "una especie de trasplante del cerebro humano a un cuerpo sintético", según explicaban los científicos. La fase Avatar C consistirá en "que de alguna manera pudieran trasladar el contenido cerebral a una mente sintética" y finalmente, la última fase, Avatar D, culminaría el programa con la creación de un "holograma que reemplazaría totalmente al cuerpo humano como tal y al cerebro, lo que supuestamente tendría que llegar en 2045".

Evidentemente, los expertos en ingeniería genética explicaban que aún existen muchos problemas "que ahora mismo se antojan insalvables". El primero de ellos, "que si quieren trasplantar esa conciencia a un soporte sintético, primero tienen que ponerse de acuerdo en qué es la conciencia y dónde se encuentra localizada para poder atraparla", algo sobre los que "aún no existe" un acuerdo siquiera entre la comunidad científica.

La última fase del proyecto (Avatar D), consistiría en un holograma proyectado desde un gran ordenador central donde estaría almacenada la conciencia, el contenido cerebral. Desde ahí y a través del holograma, podrían seguir interactuando en el mundo. Para estos científicos, cada día que pasa, el hombre se acerca un paso más al ansiado sueño de la inmortalidad.

Actualmente, en el mundo de la ciencia, existe el "Proyecto Avatar" cuyo propósito es crear un cuerpo artificial que pueda ser perfeccionado para que en el futuro se le pueda trasplantar a un cerebro humano vivo, a la cual la ciencia le llama transgenencia, esto viene de la palabra transgénesis, el cual es el proceso de transferir genes en un organismo.

Todo esto está llevando a la ciencia a una continua trascendencia que se refiere a ir más allá de algún límite o superar las restricciones de un determinado ámbito. Trascender (de *trans*, más allá, y *cender*, escalar) significa pasar de un ámbito a otro, atravesando el límite que los separa. Desde un punto de vista filosófico, este concepto incluye además la idea de superación o superioridad. En la tradición filosófica occidental, la trascendencia supone un "más allá" del punto de referencia. Trascender significa la acción de "sobresalir" , de pasar de "dentro" a "fuera" de un determinado ámbito, superando su limitación o clausura.

Es tal la determinación en cuanto al tema de la transcendencia a la inmortalidad que ya tienen un científico voluntario que donará su cerebro y su vida cuando esté cerca de su muerte natural. Si lo logran, la próxima etapa en el plan es crear uno artificial para ese cuerpo a donde se pueda transferir la conciencia y vida de una persona al momento de morir permitiendo que viva por tiempo indefinido, posiblemente por siglos.

El líder religioso Dalai Lama apoya este proyecto. Científicos crearon un sistema de inteligencia artificial que solo está a 8% de pasar la prueba especial creada para certificarlo como una inteligencia artificial. La misma (AI) se le conoce con los nombres de singularidad y Omega.

El movimiento del transhumanismo existe con la meta de mejorar, evolucionar y modificar al ser humano usando tecnología en todos los niveles, un intento de mejorar, ellos dicen, lo que Dios creó.

Esto va desde modificación del ADN, nanotecnología, implantación de microchips, hasta la meta final de crear cuerpos sintéticos.

Este movimiento ha crecido mucho en los últimos años y altos oficiales de Roma (El Vaticano) y las Naciones Unidas (ONU) han demostrado su gran apoyo a esta idea. Muchos de los promotores de este movimiento profesan ser seguidores de las religiones orientales como el budismo, hinduismo, y muchas más que tienen que ver con espíritu guías dentro del mundo del ocultismo, combinando ideas paganas de la Nueva Era, como lo son la reencarnación y el ser humano como su propio dios, con la ciencia de la tecnología.

Hoy el mundo está observando cada detalle de lo que se ha propuesto ser llamado el nacimiento de una tecno-religión basada en la Nueva Era. Posiblemente esta sea la nueva religión mundial que utilizará el Anticristo para exigir la adoración de los humanos. Cuando este personaje se dé a conocer y gobierne durante la tribulación tendrá lista esta tecnología con la cual podrá falsificar algunos milagros imitando al verdadero Dios de forma que engañe a muchos haciéndose pasar por Mesías y creando una imagen de sí mismo creada a base de algún tipo de androide/singularidad.

Recuerden que Satanás no tiene poder para dar vida, así que lo que haga será un tipo de fraude o alguna estrategia sutil que combine tecnología con poderes demoniacos. Esta tecnología pudiera estar lista ya en secreto esperando su momento de uso, la ciencia ha avanzado más de lo que muchos pudieran pensar en estos momentos.

El Secreto de la Inmortalidad

Estos avances y deseos desmedidos de la ciencia son los que manifiestan un gran peligro y a la vez tienen que ver con el misterio de la iniquidad, la cual intentan desechar al único y verdadero Dios para convertirse ellos mismos en dioses inmortales. Un substituto de engaño pervertido para la vida eterna que solo Dios puede dar, nadie más. Esto es exactamente lo que Satanás le dijo a Eva en el huerto del Edén para que tanto ella como Adán cayeran en pecado, desobedecieran y murieran.

La palabra morir viene de la raíz hebrea /mut/ que significa: perder la vida. En el dialogo entre la serpiente y Eva, la muerte está asociada con la desobediencia. Cuando ambos comieron del fruto les sobrevino, no solo a ellos sino a todos sus descendientes, la muerte espiritual y física.

En medio del Edén crecía el árbol de la vida, cuyo fruto tenía el poder de perpetuar la vida. Si Adán hubiese permanecido obediente a Dios, habría seguido gozando de libre acceso a aquel árbol y habría vivido eternamente. Pero en cuanto hubo pecado, quedó privado de comer del árbol de la vida y sujeto a la muerte.

La inmortalidad prometida al hombre a condición de que obedeciera, se había perdido por la transgresión del propio hombre y mujer, ya podían transmitir a su descendencia lo que no poseían; lo cual implica que se había perdido toda esperanza para la raza caída, si Dios, por el sacrificio perfecto de su Hijo amado, no hubiese puesto la vida eterna a su alcance. Y solo por Cristo se puede obtener. Jesús dijo:

Juan 3:36 ᴺᵀⱽ
Los que creen en el Hijo de Dios tienen vida eterna. Los que no obedecen al Hijo nunca tendrán vida eterna, sino que permanecen bajo la ira del juicio de Dios.

Romanos 2:7 ᴺᵀⱽ
Dará vida eterna a los que siguen haciendo el bien, pues de esa manera demuestran que buscan la gloria, el honor y la inmortalidad que Dios ofrece.

Desde los tiempos más remotos de la historia del hombre, Satanás se esforzó por engañar a la raza humana. El que había sido instigador de la rebelión en el cielo ahora inducía a las mentes de los habitantes de la tierra a que se unieran con él, en su lucha contra el gobierno de Dios. Adán y Eva habían sido perfectamente felices mientras obedecieron la ley de Dios, y esto constituía un testimonio permanente en el huerto. Mas Satanás determinó hacer caer a esta pareja para lograr que una vez separada de Dios pudiera apoderarse de la tierra y establecer allí su reino en oposición al Altísimo.

La declaración de la serpiente a Eva fue, - "De seguro que no moriréis" – este corto sermón fue el primero que se haya sido jamás predicado sobre la falsa inmortalidad del hombre.

La palabra "inmortal" según el diccionario RAE es un adjetivo que significa: que no puede morir. Y la definición de la palabra inmortalidad es: Duración indefinida de algo en la memoria de los hombres.

El concepto inmortalidades un término usado por la Nueva Era que pretende extender la vida del ser humano para contradecir la voz de Dios, que ordeno, que el castigo por el pecado de la desobediencia es la muerte. El hombre no es inmortal, no existe tal inmortalidad para el hombre, porque le fue establecido *"que muera una sola vez y después el juicio"*. *Por cuanto todos pecaron y están destituidos de la gloria de*

Dios.

Por esa razón murió Jesús como hombre y resucito al tercer día, para que todo mortal que acepta y reconoce su sacrificio, después de pasar por la muerte, viva por la eternidad. Retornando al Edén, recapacitemos en algo: Si al hombre, después de su caída, se le hubiese permitido tener libre acceso al árbol de la vida, habría vivido para siempre, y así el pecado se habría inmortalizado. Sin embargo Dios mando a dos querubines con espadas que arrojaba llamas de fuego, para custodiar el acceso al camino del árbol de la vida.

Génesis 3:24 NTV
Después de expulsarlos, el Señor Dios puso querubines poderosos al oriente del jardín de Edén; y colocó una espada de fuego ardiente — que destellaba al moverse de un lado a otro— a fin de custodiar el camino hacia el árbol de la vida.

Por lo tanto es de entender que no ha habido ni no hay un solo pecador inmortal. La serpiente declaró que se volverían como Dios, que tendrían más sabiduría que antes y que serían capaces de entrar en un estado superior de existencia. Mas después de la caída, Satanás ordenó a sus espíritus inmundos y demonios que hicieran un esfuerzo especial para hacerle creer a la humanidad acerca de la inmortalidad natural del hombre.

¿No es acaso el intento más desesperado del mundo de la tinieblas de poder convencer a la humanidad por medio de la ciencia, de que hay una inmortalidad fuera de Jesucristo? –Hoy, más que nunca, vuelve a repetirse la gran mentira del Huerto del Edén: *"no moriréis y seréis como dioses."* Con todo esto el Apóstol Pablo esclarece y determina esta gran verdad:

Romanos 5:12 RVR60
12 Por tanto, como el pecado entró en el mundo por un hombre, y por el pecado la muerte, así la muerte pasó a todos los hombres, por cuanto todos pecaron
Romanos 5:12 NTV
Cuando Adán pecó, el pecado entró en el mundo. El pecado de Adán introdujo la muerte, de modo que la muerte se extendió a todos, porque todos pecaron.

Cuando este texto bíblico menciona la palabra muerte en la raíz griega es /thanatos/, esto tiene que ver con la separación del alma, la parte espiritual del hombre y del cuerpo la parte material del hombre. Es evidente que el primer hombre y la primera mujer murieron espiritualmente en el día que desobedecieron a Dios y por ende toda la humanidad nace en la misma condición espiritual, de la que únicamente pueden ser librados al creer en Jesucristo.

La muerte es lo contrario a la vida, nunca denota inexistencia, de la misma forma que la

vida espiritual es existencia consciente en plena comunión con Dios, de forma idéntica es la muerte espiritual que es, separación de Dios.
La muerte es considera en las escrituras la consecuencia penal o paga del pecado, por lo tanto, todos están sometidos a la muerte.

Los intentos y proyectos de lograr la inmortalidad del hombre, fallará sin importar cuánto más avance tenga la misma ciencia, esto es por una sola y única verdad infalible: **Jesucristo es la vida.** (Juan 14.6)

Sin Jesús No Hay Vida

1 Juan 5:12 ᴺᵀⱽ
El que tiene al Hijo tiene la vida; el que no tiene al Hijo de Dios no tiene la vida.

Jesús ya había preparado un plan perfecto para que el hombre mortal que le crea a Él, tenga vida eterna. Este plan ideado por Dios mismo lo podemos leer en Juan, cuando Jesús habla con Nicodemo:

Juan 3:16 ᴺᵀⱽ
Pues Dios amó tanto al mundo que dio a su único Hijo, para que todo el que crea en él no se pierda, sino que tenga vida eterna.

Este es el misterio de la vida, después de la muerte. Se nace de nuevo por el Espíritu de Dios.

Jesucristo venció la muerte y por su resurrección los que creen en El, reciben la vida espiritual; con la promesa de que un día se levantaran de los sepulcros. De la misma manera que Él lo hizo, así todo creyente lo hará, para vivir para siempre con un cuerpo glorificado semejante al de Jesucristo en su resurrección.

Todo esto esta descrito por el Apóstol Pablo en 1 Corintios 15.

La Vida eterna en Jesús

En la creación Dios sopló aliento de vida, y fue el hombre un ser viviente. Él da la vida con el aliento de su boca, que es el /ruahj/ o soplo de Dios. A los animales les dio vida hablando y dando la orden, pero en cuanto al ser humano, le sopló aliento de vida directamente al cuerpo para que sea aliento de su aliento y semejantes a Él.

Juan 15:1-5 *NTV*

¹ *Yo soy la vid verdadera, y mi Padre es el labrador.* ² *Él corta de mí toda rama que no produce fruto y poda las ramas que sí dan fruto, para que den aún más.* ³ *Ustedes ya han sido podados y purificados por el mensaje que les di.* ⁴ *Permanezcan en mí, y yo permaneceré en ustedes. Pues una rama no puede producir fruto si la cortan de la vid, y ustedes tampoco pueden ser fructíferos a menos que permanezcan en mí.* ⁵ *»Ciertamente, yo soy la vid; ustedes son las ramas. Los que permanecen en mí y yo en ellos*

producirán mucho fruto porque, separados de mí, no pueden hacer nada.

En estos textos, Jesús enseña acerca de sí mismo como la verdadera conexión de vida, entre Dios y el hombre mortal. Jesús es la planta de la vid mientras que el Padre, es el labrador. Todo el que sea parte de esa vid, tiene vida de Dios, y está conectado con la vida que es Jesús.
¿Y entonces qué le pasa a un pámpano si lo separan de la vid? ¿Se seca y muere, verdad? Porque fue cortado de la fuente de vida.

Todo el que esta fuera de Cristo no tendrá vida eterna, no que permanece bajo maldición de muerte, la espiritual del alma en el presente y la muerte eterna y para siempre separado de Dios y de su Cristo.

Este intento desesperado a través de la ingeniería genética y exploraciones científicas para buscar la inmortalidad, no podrá funcionar porque ambos la vida y la muerte son asuntos espirituales y no hay nada que se pueda cambiar para que los humanos vivan para siempre.

Solo lo que Dios ha establecido por su Palabra es lo que perdurará y tendrá cumplimiento perfecto para cada ser humano. Dios es verdadero y no hay engaño en Él.

Solo la intervención de Dios al enviar su hijo, estableció la vida sobre la muerte que es,

eternidad. El pecado produce muerte y hasta que no se elimine la naturaleza pecaminosa del ser humano, nunca habrá sustituto para la inmortalidad. Todo creyente en Cristo sabe que en el día glorioso lo verá como Él es.

Romanos 6:23 NTV

Pues la paga que deja el pecado es la muerte, pero el regalo que Dios da es la vida eterna por medio de Cristo Jesús nuestro Señor.

Es allí, en ese principio divino, donde la única y verdadera forma de esperanza se mostrará, solo a los que han creído y esperado en Él.

Apocalipsis 22:2 RVR60

En medio de la calle de la ciudad, y a uno y otro lado del río, estaba el árbol de la vida, que produce doce frutos, dando cada mes su fruto; y las hojas del árbol eran para la sanidad de las naciones.

La única y verdadera transgenencia es cuando Jesucristo te da su verdadera vida. Eso te produce el cambio que se necesita por completo, de un pecador muerto en sus delitos y pecados a un hijo lleno de vida, resucitado para heredar la vida eterna.

CAPÍTULO 11

COMO EN LOS DÍAS DE NOÉ

El nivel de batalla y de guerra espiritual que enfrenta la humanidad en esta hora es muy diferente al que la iglesia ha atravesado a lo largo de los tiempos. Jesús dijo que su segunda venida tiene una relación directa con lo que sucedió en los días de Noé; esta es la razón porque el Señor quiere que se comprenda lo que Él dijo.

¿qué pasaba en los día de Noé ?. ¿Porque Dios tuvo que determinar un juicio tan fuerte sobre la tierra?

Mateo 24: 36-39 RVR60

Pero del día y la hora nadie sabe, ni aun los ángeles de los cielos, sino sólo mi Padre. Mas como en los días de Noé, así será la venida del Hijo del Hombre. Porque como en los días antes del diluvio estaban comiendo y bebiendo, casándose y dando en casamiento, hasta el día en que Noé entró en el arca, y no entendieron hasta que vino el diluvio y se los llevó a todos, así será también la venida del Hijo del Hombre.

Mateo 24:36-39 NTV

Sin embargo, nadie sabe el día ni la hora en que sucederán estas cosas, ni siquiera los ángeles en el cielo ni el propio Hijo. Sólo el Padre lo sabe. Cuando el Hijo del Hombre regrese, será como en los días de Noé. En esos días, antes del diluvio, la gente disfrutaba de banquetes, fiestas y casamientos, hasta el momento en que Noé entró en su barco. La gente no se daba cuenta de lo que iba a suceder hasta que llegó el diluvio y arrasó con todos. Así será cuando venga el Hijo del Hombre.

En las Sagradas Escrituras Dios revela un secreto, pues dice que lo que ya pasó en la antigüedad volverá a suceder, pues no hay nada nuevo debajo del sol. Lo que ahora se ve, ya sucedió antes.

Eclesiastés 1:9 RVR60
¿Qué es lo que fue? Lo mismo que será. ¿Qué es lo que ha sido hecho? Lo mismo que se hará; y nada hay nuevo debajo del sol.

Eclesiastés 1:9 NTV
La historia no hace más que repetirse; ya todo se hizo antes. No hay nada realmente nuevo bajo el sol.

La Biblia dice que a medida que el hombre crecía y se multiplicaba, el pecado se intensificaba. En las Escrituras se habla de un periodo anti-diluviano, y un periodo post-diluviano.

Antes de que el juicio de Dios cayera sobre la tierra en forma de diluvio, se ve como estaban demarcadas las generaciones. Vemos a un Dios que quería que permaneciera la genealogía santa del linaje que Él iba a usar. Satanás sabía que por la línea de sangre de la mujer, un día se cumpliría la palabra profética que vendría uno que tendría autoridad para pisar la cabeza de la serpiente antigua. Es decir, "Un Poder", que aplastaría y vencería a Satanás para siempre. El enemigo conocía que esa sentencia de Dios pesaba sobre sí mismo y que la única manera para alterar ese propósito era idear un plan para contaminar la línea genealógica del ser humano.

Esto es muy importante, ya que para que la semilla fuera perfecta y pura, ésta no se podía mezclar con una semilla modificada o alterada. Cuando Dios decreta destruir a ciertas naciones por medio de su pueblo escogido, (del cual tal simiente saldría el Mesías del mundo, Jesús) lo hace para preservar la semilla pura, el linaje escogido no corrompido. Si el linaje del pueblo de Israel, especialmente el linaje de Judá, no era preservado, entonces no habría forma de poder venir Jesús al mundo, porque Dios no podía usar un vientre cuyo linaje había sido contaminado. Tenía que ser puro, descendiente de tales hombres justos delante de Dios como David, Judá, Abraham, Noé, y Set. Aunque solo se mencionan éstos, en realidad cada descendiente de este linaje escogido por Dios era sumamente importante.

La genealogía escogida esta detallada completamente en Mateo 1, desde Adán hasta Jesucristo.

La Maldad de los Hombres

Entre los capítulos 4 y 5 del libro de Génesis, encontramos la historia de la humanidad antes del diluvio; desde el nacimiento de Caín hasta el linaje de Noé.

Génesis 6:1-8 RVR60

¹ Aconteció que cuando comenzaron los hombres a multiplicarse sobre la faz de la tierra, y les nacieron hijas, ² que viendo los hijos de Dios que las hijas de los hombres eran hermosas, tomaron para sí mujeres, escogiendo entre todas. ³ Y dijo Jehová: No contenderá mi espíritu con el hombre para siempre, porque ciertamente él es carne; mas serán sus días ciento veinte años. ⁴ Había gigantes en la tierra en aquellos días, y también después que se llegaron los hijos de Dios a las hijas de los hombres, y les engendraron hijos. Estos fueron los valientes que desde la antigüedad fueron varones de renombre. ⁵ Y vio Jehová que la maldad de los hombres era mucha en la tierra, y que todo designio de los pensamientos del corazón de ellos era de continuo solamente el mal. ⁶ Y se arrepintió Jehová de haber hecho hombre en la tierra, y le dolió en su corazón. ⁷ Y dijo Jehová: Raeré de sobre la faz de la tierra a los hombres que he creado, desde el hombre hasta la bestia, y hasta el reptil y las aves del cielo; pues me arrepiento de haberlos hecho. ⁸ Pero Noé halló gracia ante los ojos de Jehová.

Génesis 6:1-8 NTV

¹ Luego los seres humanos comenzaron a

multiplicarse sobre la tierra, y les nacieron hijas. ²Los hijos de Dios vieron a las hermosas mujeres y tomaron como esposas a todas las que quisieron. ³Entonces el Señor dijo: «Mi Espíritu no tolerará a los humanos durante mucho tiempo, porque sólo son carne mortal. En el futuro, la duración de la vida no pasará de ciento veinte años». ⁴En esos días y durante algún tiempo después, vivían en la tierra gigantes nefilitas, pues siempre que los hijos de Dios tenían relaciones sexuales con las mujeres, ellas daban a luz hijos que luego se convirtieron en los héroes y en los famosos guerreros de la antigüedad. ⁵El Señor vio la magnitud de la maldad humana en la tierra y que todo lo que la gente pensaba o imaginaba era siempre y totalmente malo. ⁶Entonces el Señor lamentó haber creado al ser humano y haberlo puesto sobre la tierra. Se le partió el corazón. ⁷Entonces el Señor dijo: «Borraré de la faz de la tierra a esta raza humana que he creado. Así es, y destruiré a todo ser viviente: a todos los seres humanos, a los animales grandes, a los animales pequeños que corren por el suelo y aun a las aves del cielo. Lamento haberlos creado». ⁸Pero Noé encontró favor delante del Señor.

Cuando aquí se nos habla de "Los Hijos de Dios" no se refiere a los descendientes de Adán. En el Antiguo Testamento, cada vez que se encuentra este término, /ben 'elohiym/ en Hebreo, no se describe a humanos sino a ángeles caídos o vigilantes, dentro del rango de las primeras criaturas creadas por Dios similares a los arcángeles como Miguel y Gabriel. Ellos formaban parte de los ángeles caídos que quisieron tener hijos como los hombres.

En el Antiguo testamento, Dios no nombra a Israel como "mis hijos", solo "los hijos de Israel" (refiriéndose a su pueblo escogido). Jehová se les reveló como *"El Gran Yo soy, o el Todopoderoso"*. La imagen de paternidad la trajo Jesucristo, cuando vino a la tierra. Él siempre se refería a Dios como su Padre, lo revelo como amoroso y digno de ser obedecido. No solo era un Dios Poderoso sino un Padre Eterno. En la Biblia dice: *"el que conoce al hijo, conoce al Padre que lo ha enviado"*. Jesús dijo: *"Yo y el Padre, una misma cosa somos"*. (*Mateo 11:27, Juan 10:30*)

Cuando recibes a Cristo como tu Salvador, no solo serás salvado, rescatado, perdonado, sino que serás parte de un pueblo elegido para ser llamado hijo de Dios. Esta es la razón, por la cual en el Antiguo Testamento cada vez que se usa este término, es para referirse a un rango especifico de ángeles. Solo en el nuevo Pacto a través de Jesús, se describe a los creyentes como hijos de Dios. La referencia bíblica dice que somos hijos adoptados por el pacto de Sangre a través del sacrificio de Cristo en la cruz.

Job 1:6 RVR60
Un día vinieron a presentarse delante de Jehová "los hijos de Dios", entre los cuales vino también Satanás.

En el texto de *Génesis 6* se puede leer que existen dos clases de hijos de Dios; los ángeles que permanecieron fieles al gobierno de Él, y los ángeles caídos, que fueron desobedientes al creador, mezclándose con las hijas de los hombres. Al juntarse con ellas, contaminaron, trastocaron, y pervirtieron el código genético humano que Dios había colocado al principio de la creación al hombre Adán. Estas mujeres fueron engendradas y el fruto del vientre fueron gigantes que traducido al arameo es /nephylim/.

El libro de *Jasher*, mencionado en la Biblia en *Josué 10:13* y *2 Samuel 1:18*, es un libro histórico Judío que contiene la historia de la antigüedad. Aunque no está incluido en el canon de las Sagradas Escrituras, tiene muchas referencias históricas bíblicas que pueden ser usadas para mejor entender ciertos eventos bíblicos. Para este pasaje nos fijaremos lo que dice el libro de Jasher 4:18:

"Y los jueces [vigilantes] entraron en la hijas de los hombres y las tomaron como esposas por fuerza de sus esposos de acuerdo a su placer, y los hijos de los hombres en esos días tomaron del ganado de la tierra, las bestias del campo y las aves del cielo, **y enseñaron la mezcla de animales una especie con otra, para provocar al Señor;** y Dios vio que toda la tierra estaba corrupta, porque toda carne [seres vivientes] se había corrompido, **todos los hombres y todos los animales.**"

Este pasaje del libro de Jasher va muy a cerca con el pasaje de Génesis 6. Aquí se describe que lo que provocó al Señor fue la mezcla de la genética de los humanos y de los animales. Es muy claro que lo que estaba pasando en esos tiempos era una manipulación de genes y del ADN de tanto animales como humanos y eso provocó la ira de Dios. **Debido a todo esto se incrementa la perversidad en la tierra.**

Los libros apócrifos de *Enoc, 2 Esdras, el Génesis Apócrifo* y *Jasher*, apoyan la historia dada en el capítulo 6 de Génesis, añadiendo que el pecado de los ángeles llegó al extremo de incluir modificaciones genéticas de animales al igual que de seres humanos y que esta actividad resultó en el juicio divino. El libro de Enoc dice que después que los ángeles caídos o vigilantes mezclaron su ADN con el de las mujeres *"...empezaron a pecar contra todos los pájaros del cielo y contra todas las bestias de la tierra, contra los reptiles y contra los peces del mar..."* (Enoc 7:5).

También leemos en el Libro de Enoc:

> "Así sucedió, que cuando en aquellos días se multiplicaron los hijos de los hombres, les nacieron hijas hermosas y bonitas; y los Vigilantes, hijos del cielo las vieron y las desearon, y se dijeron unos a otros: 'Vayamos y escojamos mujeres de entre las hijas de los hombres y engendremos hijos'... Y eran en total doscientos los que descendieron sobre la cima del monte que llamaron 'Hermón', porque

sobre él habían jurado y se habían comprometido mutuamente bajo anatema" (Enoc 6:1, 2, 6).

De todos los lugares de este planeta a donde los ángeles pudieron haber descendido, lo hicieron en la frontera norte de la tierra prometida. Conociendo, tal vez, los planes futuros de que Dios planeaba entregarle este territorio a los descendientes de Abraham, estos ángeles maquinaron su estrategia para introducir **la simiente de la serpiente** en la raza humana.

El Monte Hermón es el más alto de todo Israel y el significado del mismo es "lugar prohibido", pero también lo llaman "La Puerta de los Ángeles Caídos". Esta montaña era venerada con la conexión del dios Baal. Esta religión era la principal en Canaán y los Cananitas oraban en dirección a este monte porque lo consideraban sagrado. La Biblia nos dice en Números que Canaán estaba habitado por diferentes tribus de *Nefilim*. Por otra parte, se han encontrado en ese mismo lugar ruinas de altares y santuarios a Baal en donde se han descubierto huesos quemados que indican que allí se hacían sacrificios humanos.

Asimismo, el monte Hermón se encuentra en el territorio en donde Cam y su familia emigraron después del juicio de Dios en la torre de Babel. Según **Génesis 10:6**, Cam tuvo cuatro hijos: *"Cus, Mizraim, Fut y Canaán"*. Canaán se estableció en el área del monte de Hermón y en dirección sur del territorio que se convirtió en la tierra prometida de Abraham. Es por eso que a la tierra prometida se le llamó Canaán en los días de Moisés y Josué.

Mizraim prosiguió a trasladarse en dirección sur hacia Egipto. Coincidentemente, el monte Hermón tiene tres picos y la familia de Cam encontró otra serie de *"tres picos"* que habían sido construidos antes del diluvio, los cuales creen los estudiosos que son las tres grandes pirámides en Giza.

El *Libro de Enoc* continúa:

"Todos y sus jefes tomaron para sí mujeres y cada uno escogió entre todas y comenzaron a entrar en ellas y a contaminarse con ellas, a enseñarles la brujería, la magia y el corte de raíces y a enseñarles sobre las plantas. Quedaron embarazadas de ellos y parieron gigantes de unos tres mil codos de altura que nacieron sobre la tierra y conforme a su niñez crecieron; y devoraban el trabajo de todos los hijos de los hombres hasta que los humanos ya no lograban abastecerles. Entonces, los gigantes se volvieron contra los humanos para matarlos y devorarlos'" (Salmos 14:4; Miqueas 3:3) (Enoc 7:1-4).

Tal parece que estos ángeles caídos (los *nefilim*) contaminaron prácticamente toda la vida sobre la tierra. Realmente no sabemos cuántas personas se contagiaron, lo único que la Escritura nos dice es que Noé y su familia permanecieron genéticamente puros. Por esta razón, Dios destruyó la raza humana con diluvio. Si no hubiera sido por Noé y sus tres hijos, los ángeles caídos le habrían puesto fin a la vida sobre el planeta. Noé, Sem, Cam y Jafet ayudaron a salvar a los animales y repoblar la tierra.

Desde un punto de vista cristiano, esto podría explicar cómo fue que los sumerios de Mesopotamia, quienes eran enemigos de Jehová, surgieron de la nada alrededor del año 3500 A.C., trayendo con ellos un panteón de deidades, el primer idioma escrito y un conocimiento superior de las ciencias de la tierra. Esto también explicaría, por qué muchas de las religiones que siguieron a la mitología sumeria, incluyendo la mitología griega, emergieron de la idea original de que seres poderosos, con nombres como *Zeus* y *Apolo*, visitaron la tierra, tuvieron relaciones íntimas con mujeres y procrearon criaturas híbridas semi-humanoides.

Génesis 6:4 NTV

En esos días y durante algún tiempo después, vivían en la tierra gigantes nefilitas, pues siempre que los hijos de Dios tenían relaciones sexuales con las mujeres, ellas daban a luz hijos que luego se convirtieron en los héroes y en los famosos guerreros de la antigüedad.

Lo que sucedió en los días de Noé fue una propagación de esta contaminación y perversión para dañar el estado original con el cual Dios había creado al hombre. Todo esto fue tan terrible, deshonesto y corrupto delante de la presencia de Dios, fue necesario destruir el mundo y purgarlo de esta maldad, porque de otra manera, la **raza humana originalmente creada por Dios no hubiera sobrevivido.**

Génesis 6: 6-7 *RVR60*

Y se arrepintió Jehová de haber hecho hombre en la tierra, y le dolió en su corazón. Y dijo Jehová: Raeré de sobre la faz de la tierra a los hombres que he creado, desde el hombre hasta la bestia, y hasta el reptil y las aves del cielo; pues me arrepiento de haberlos hecho.

El Antiguo Testamento contiene referencias asociadas con las mutaciones genéticas que tuvieron lugar entre los seres humanos después de esta actividad, incluyendo una raza de gigantes, su gran fortaleza física, que tenían seis dedos en las manos y los pies, y que gustaban de beber sangre. A continuación citaremos estos pasajes de la Escritura:

2 Samuel 21:20 *NTV*

En otra batalla contra los filisteos en Gat, se enfrentaron con un hombre enorme que tenía seis dedos en cada mano y seis en cada pie, veinticuatro dedos en total, que era también descendiente de los gigantes.

2 Samuel 23:20 *NTV*

Estaba también Benaía, hijo de Joiada, un valiente guerrero de Cabseel, quien hizo muchas proezas heroicas, entre ellas mató a dos campeones de Moab. En otra ocasión, en un día de mucha nieve, Benaía persiguió a un león hasta un hoyo y lo mató.

Los Vigilantes Descienden a la Tierra

Fue entonces cuando Dios se enojó con esos ángeles caídos y los despojo de su poder, ordenando que fueran atados en los abismos de la tierra en donde están presos y abandonados, y que sus hijos fueran heridos con espadas hasta hacerlos desaparecer de debajo del cielo...

2 Pedro 2:4 RVR60
Porque si Dios no perdonó a los ángeles que pecaron, sino que arrojándolos al infierno los entregó a prisiones de oscuridad, para ser reservados al juicio.

Judas 1:6 RVR60
Y a los ángeles que no guardaron su dignidad, sino que abandonaron su propia morada, los ha guardado bajo oscuridad, en prisiones eternas, para el juicio del gran día.

La palabra morada es el término en griego /oiketerion/ usado en la Biblia para referirse a un cuerpo espiritual que abandonó su casa o habitación; lo que indica que estos ángeles vigilantes, dejaron su propio cuerpo espiritual para poder procrear seres humanos, pues de otra manera eso no hubiera podido ser posible.

Mateo 22:25-30 *RVR60*

Hubo, pues, entre nosotros siete hermanos; el primero se casó, y murió; y no teniendo descendencia, dejó su mujer a su hermano. De la misma manera también el segundo, y el tercero, hasta el séptimo. Y después de todos murió también la mujer. En la resurrección, pues, ¿de cuál de los siete será ella mujer, ya que todos la tuvieron? Entonces respondiendo Jesús, les dijo: Erráis, ignorando las Escrituras y el poder de Dios. Porque en la resurrección ni se casarán ni se darán en casamiento, sino serán como los ángeles de Dios en el cielo.

Como vemos en esta referencia bíblica, el Señor no dijo que los ángeles no pudieran tener sexo o relaciones con los seres humanos; solo dijo que ellos no se casaban.

Esto no cesó con el paso de los años, estos ángeles caídos han seguido camuflándose entre los seres humanos, adoptando en épocas posteriores diversos disfraces, pero han continuado en medio de nosotros, hasta este mismo día. Hoy muchos hablan de extraterrestres, seres que desde el mismo año de la refundación de Israel comenzaron a manifestarse abiertamente ante los seres humanos. El consenso de los eruditos y estudiosos de las profecías, dentro de este tema, dicen que no son otra cosa, que la propia progenie de los ángeles caídos, quienes en estos últimos días están una vez más tratando de pervertir el linaje genético de la raza humana e instigar ese conocimiento prohibido causante de la destrucción de la raza humana en el tiempo de Noé.

El Carácter de los Vigilantes

> Tenían sentimientos (porque codiciaron las almas de los seres humanos).
> Tomaron decisiones propias, por eso se convirtieron en espíritus de maldad.
> Pudieron copular con las mujeres y engendrar hijos.
> Conocían las ciencias, y las matemáticas porque tenían una inteligencia superior, ya que eran ángeles creados por Dios.
> Dominaban la astrología, y la astronomía.
> Tuvieron hijos a los cuales les pasaron sus genes, llamados hombres de gran estatura, valientes o gigantes /*nefilim* y *gibborim*/.

Estas alteraciones genéticas, no solo afectaron a los hombres sino a los animales, y por eso Dios tuvo que destruir toda la humanidad que existía en ese tiempo...

Alteraciones Genéticas Crean Gigantes

En esta época la raza humana, mezcló sus genes

con los ángeles caídos procreando razas que nunca se habían visto en el planeta tierra hasta ese entonces. Muchas leyendas místicas de los griegos, romanos y egipcios, cuentan historias de seres mitad hombre y mitad animal. La Biblia dice que la consecuencia de esa mezcla de seres humanos con ángeles caídos, nacieron los gigantes, quienes eran mitad hombre y mitad seres espirituales. Estos seres, no sólo dañaron la humanidad en los días de Noé, sino que aún los propios animales fueron perjudicados. Esto hacia que ellos fueran una raza extraña con manifestaciones súper naturales.

Génesis 6:11 *RVR60*
Y se corrompió la tierra delante de Dios, y estaba la tierra llena de violencia.
Es importante recalcar que cuando la Biblia dice que *"toda carne se había corrompido"*, esto incluía los seres humanos y también a los animales; por eso es que existen tantos registros de fósiles encontrados de animales gigantescos con aspectos monstruosos.

Génesis 6:4-*RVR60*
Había gigantes en la tierra en aquellos días, y también después que se llegaron los hijos de Dios a las hijas de los hombres, y les engendraron hijos. Estos fueron los valientes que desde la antigüedad fueron varones de renombre.

Aquí podemos ver tres clases de grupos de seres:

> Las hijas de los hombres.

> ➢ Los hijos de Dios.
> ➢ Los gigantes.

En la Escritura encontramos un registro de criaturas celestiales misteriosas que invadieron la tierra y llevaron a cabo experimentos procreativos. Ellos, en forma literal, tomaron mujeres de la tierra como compañeras, dando origen a una progenie monstruosa cuyo comportamiento era totalmente perverso. La descendencia de esos ángeles son llamados "gigantes" que puede traducirse también como: los caídos, los rebeldes y los apostatas.

Los vigilantes perversos, visitaron el planeta, y mezclaron su simiente con su ADN con las hijas de los hombres. Sin embargo, otros estudiosos creen que este versículo encierra mucho más, que se trata del registro de algo siniestro. La palabra gigante también fue usada por los antiguos griegos para describir a seres grandes en estatura a los cuales ellos llamaban "*semidioses*". Estos especímenes eran considerados por los griegos mitad humanos y mitad dioses. En la Biblia dice que por esos días, creció la iniquidad sobre la tierra y todos los seres vivos corrompieron su conducta (desde los humanos hasta las bestias del campo).

Génesis 6:12-13 RVR60

12 Y miró Dios la tierra, y he aquí que estaba corrompida; porque toda carne había corrompido su camino sobre la tierra. 13 Dijo, pues, Dios a Noé: He decidido el fin de todo ser,

porque la tierra está llena de violencia a causa de ellos; y he aquí que yo los destruiré con la tierra.

También nos deja saber que estos gigantes se devoraban mutuamente y a los humanos, lo que hacía que la maldad creciera sobre la tierra pues ellos solo tenían pensamientos perversos y malvados. En la Biblia también aparecen gigantes o *nefilim,* después del diluvio. Ellos vivían en la tierra de Canaán la cual iba a heredar el pueblo de Dios.

Números 13:33 RVR60

También vimos allí gigantes, hijos de Anac, raza de los gigantes, y éramos nosotros, a nuestro parecer, como langostas; y así les parecíamos a ellos.

En esa época la tierra estaba llena de gigantes; esa era la razón por la cual el Señor le decía a los israelitas que a los pueblos a donde ellos llegaran, tenían que arrasar con lo que se encontraran pues ellos estaban en todo lugar. Estos gigantes, no solo eran grandes en estatura sino que practicaban el canibalismo (se comían los unos a los otros, y también se devoraban a los niños y los animales.) Estos gigantes tenían cautivas las ciudades y las mantenían presas del temor. Después del diluvio, ellos volvieron y se repitió el ciclo de perversión.

David se enfrentó a un descendiente de los *nefilim* conocido Bíblicamente como el gigante

Goliat. Él pudo entender lo que era la guerra la guerra tecno-dimensional ya que antes de pelear contra el gigante en lo físico, lo venció en la dimensión espiritual cuando declaró que venía contra él en el nombre de Jehová de los ejércitos, Dios de los escuadrones de Israel. Recordemos que, muchos *nefilim* huyeron de los israelitas cuando ellos empezaron a conquistar la tierra prometida, bajo el liderazgo de Josué, ya que entendía que el Dios Todopoderoso estaba de parte del pueblo de Israel y nada podría detenerlos. Es importante que entiendas que el hecho del temor que había en los *nefilim* demuestra que ellos tenían una combinación genética de humanos con seres espirituales y por esta razón huían al ver el poder de Dios Todopoderoso que cubría a Israel.

Hoy las noticias en diferentes partes del mundo hablan de personas comiéndose otros seres humanos. Lo que estamos viendo ante nuestros ojos es lo mismo que sucedió desde *Génesis 4* en adelante. Por eso, en las Escrituras nos dice que lo que está sucediendo y lo que vendrá en un futuro cercano, fue lo que lo que ya sucedió en el pasado.

La Biblia menciona que David y sus valientes, tuvieron que enfrentarse a hombres de gran estatura (los hermanos de Goliat), y uno de los gigantes con los que tuvieron que pelear, tenía seis dedos en sus pies y manos.

1 Crónicas 20:6 RVR60

Y volvió a haber guerra en Gat, donde había un hombre de grande estatura, el cual tenía seis dedos en pies y manos, veinticuatro por todos; y era descendiente de los gigantes.

Hoy en día, siguen naciendo personas con seis dedos en cada mano y seis dedos en cada pie. La propia ciencia ha descubierto que esto es una alteración genética ancestral, o sea, de miles de años atrás. Este tipo de alteración se conoce como la enfermedad llamada la "polydaktylia" del griego *poly* que es igual a muchos y *daktylos* que es igual a dedos.

A continuación se encuentran los textos bíblicos que hablan sobre los gigantes. Gigante dos veces en *Génesis 6:4* y en *Números 13:33*. También es usada en otros textos bíblicos como *gibor* o valiente (*Job 16:14*). Además aparece una referencia de esta palabra como Refaín. Adicionalmente la encontramos en *Génesis 14:5, Génesis 15:20, Deuteronomio 2:11, 10 Deuteronomio 3:11, 13, Josué 12:4, Josué 13:12, Josué 17:15, Josué 18:16, 2 Samuel 5:18-22, 21:16, 18, 20,22, 1 Crónicas 11:15, 14:9, 20:4, Isaías 17:5, Isaías 26:14.*

Similitudes entre lo que existía antes del diluvio y los tiempos actuales

A través del avance científico y las alteraciones

genéticas se puede ver que en estos tiempos modernos está sucediendo lo mismo que pasaba en aquella época. Cuando estos ángeles caídos tomaron sexualmente mujeres y procrearon hijos con ellas, se contaminaron pues eran seres angelicales. Ellos les enseñaron brujería, magia, corte de raíces, y alteraron el orden de Dios para que ellas fueran introducidas a la hechicería y el misticismo. Estos personajes introdujeron en la conciencia humana la perversión más terrible.

¿Sera que la humanidad está siendo igual que en aquellos días? Esta es una pregunta muy interesante que queremos analizar. Es de notar que al ver el comienzo de la perversión que ha plagado esta humanidad, tuvo sus orígenes en aquella época. Estos ángeles caídos enseñaron también a los hombres a fabricar armas, y es gracias a ellos a quienes se les debe atribuir el arte de la guerra. ¿Pudieron haber tenido ángeles armas de guerra? En el libro de Ezequiel se menciona lo siguiente:

Ezequiel 9:1-2 NTV

1 *Entonces el Señor dijo con voz de trueno: «¡Traigan a los hombres designados para castigar la ciudad! ¡Díganles que vengan con sus armas!».* 2 *Pronto entraron seis hombres por la puerta superior que da al norte y cada uno llevaba un arma mortal en la mano.*

Esto demuestra que los seres espirituales pueden tener y usar armas de guerra en lo espiritual para afectar lo físico o lo natural. La humanidad fue corrompida y degradada por estos ángeles caídos, porque ellos vivían en un estado caído de perversión, desobediencia, transgresión, y todo tipo de abominación delante de Dios. Si la humanidad no se da cuenta que ahora las circunstancia en las que se viven son similares a los días de Noé es porque o están ciegos, no queriendo verlo, o se rehúsa aceptar la realidad de todo esto.

Moralmente hablando, el hombre fue en declive debido a esta contaminación. Eso le acarreó muchas consecuencias espirituales y es por eso que Dios decidió reducir la vida de los humanos a 120 años. El hombre fue creado para vivir en eternidad, pues Adán y Eva tenían la genética de Dios y nunca morirían. Pero al ser contaminados espiritualmente, esa genética se trastocó, y es por eso que Dios decidió reducir sus años de vida. El problema fue que la maldad se siguió multiplicando, y Dios volvió acortar la vida humana a 70 años. Estadísticamente en África el estándar de vida de las personas va entre los 41 y 55 años. En Asia aproximadamente desde los 50 hasta los 60 años. Y en países más desarrollados entre 71 y 81 años.

La Religión futurística del Nuevo Orden Mundial

Desde hace varios años atrás, las películas de ciencia ficción de Hollywood han estado saturadas de extraterrestres, alienígenas, humanoides y animales gigantes, entre otros. Esto ha sido un acondicionamiento progresivo de las masas preparando a la humanidad para el gran día de la *revelación,* cuando los gobiernos de la tierra "finalmente admitirán" que los extraterrestres existen y éstos han estado visitando a la tierra desde hace muchos años. Todo esto es parte de lo que formará la gran y única religión universal del Anticristo y su falso profeta. Los fundamentos de esta misma religión están especialmente bien demarcados en la película dirigida por Ridley Scott "Prometheus" que traducida es Prometeo. Al analizar esta película encontrarás en los detalles la creencia que será el estándar para esta nueva religión mundial del futuro.

"Prometeo": Una Película Sobre Extraterrestres *Nefilim* e Iluminación Esotérica

"La sutil trama del engaño de los Extraterrestres: Preparando a las Masas Para La Aceptación De Vida En Otros Planetas. Es importante ver los simbolismos de la película "Prometeo".

La película de ciencia ficción "Prometeo" explora las teorías sobre los orígenes de la humanidad y su relación con los visitantes extraterrestres.

Mientras que la mayoría podría encontrar esta película muy "ficticia", sin embargo muchos aspectos de la película realmente reflejan simbólicamente algunas creencias y filosofías de la élite oculta. Es importante analizar cada trama de este film y ver el significado esotérico de la película "Prometeo", ya que es una manera ir acondicionando la mente de millones de seres humanos en todo el mundo para aceptar todas estas ideologías como forma normal de convivencia y adaptación en la nueva sociedad del conocimiento y la información.

Es evidente que en cada una de las películas en donde participan extraterrestres enojados en estos días incluyendo Prometeo la cual podemos agregarlo a la lista.

Prometeo tiene una historia que aborda eternas preguntas intrigantes y sorprendentes de la humanidad como "¿De dónde venimos?" y "Por qué estamos aquí?"... además de una buena dosis de alienígenas.

La película narra la historia de científicos que descubren artefactos antiguos que representan a los visitantes de otro planeta. Para investigar este descubrimiento, los científicos obtienen el respaldo de una gigante corporación y se embarcan en la misión espacial para encontrar el planeta de donde provenían los extraterrestres y hacerles importantes preguntas.

El desarrollo de la misma se basa en la teoría de los antiguos astronautas, que estipulan que hace miles de años, los primeros seres humanos estaban en contacto con una raza superior alienígena.

Como sugiere el nombre de la película, Prometeo también está llena de referencias mitológicas y simbolismo que dan a la película un sentido esotérico. Mientras que la película es, en sentido literal, sobre los seres humanos que van al espacio para encontrar a sus creadores alienígenas, Prometeo puede considerarse también como una metáfora de la iluminación espiritual como es retratada por las ocultas sociedades secretas. Analicemos los conceptos explorados en la película.

¿Los ingenieros?

En el comienzo de la película, un alienígena humanoide desembarca en la Tierra y bebe un líquido extraño. Un alienígena llega a la Tierra mientras una enorme nave espacial deja el planeta.

Después de beber el líquido, el alienígena completamente se desintegra y cae al agua. El alienígena se desintegró en su misma esencia, en el nivel de ADN e interactúa con el agua de la Tierra para crear una nueva forma de vida.

En el agua, el ADN provoca una reacción biogenética y, a nivel microscópico, se ven las células que comienzan a multiplicarse a sí mismos. Esta es la teoría de la película sobre como la vida humana apareció en la Tierra.

El título de la película muestra una simple célula multiplicándose a sí mismo. Así es como la vida humana comenzó en la Tierra, de acuerdo al desarrollo de este film.

La película luego avanza rápidamente hasta llegar al año 2089, donde dos arqueólogos, buscan una cueva en Irlanda. Allí, descubren una pintura dibujada por un cavernícola que representa a los seres humanos mirando hacia una formación de estrellas en el cielo. Los investigadores descubren que esta particular formación estelar puede encontrarse en el arte de varias culturas antiguas.

La formación de estrellas en esta pintura rupestre es similar a las formaciones de estrellas que se encuentra en el arte antiguo de Egipto, Sumerio y Maya.

Los arqueólogos creen que los alienígena (a quien llaman los "ingenieros") provenían de esta particular formación de estrellas y extendieron la vida humana en la Tierra. Esto hace que se embarcan en una misión espacial para encontrar ese planeta y buscar respuestas de los ingenieros.

La premisa de la película está fuertemente inspirada en la teoría de los "Antiguos Astronautas" originalmente propuesta por los autores como Eric Von Daniken y Robert Temple. Según esas teorías, la humanidad fue creada o "ayuda" por los visitantes de otro planeta, que dejaron un huella duradera en la historia de la humanidad.

El director de *Prometeo*, Ridley Scott, parece creer en esta teoría. En una entrevista con *Hollywood Reporter*, declaró:

"La NASA y el Vaticano coinciden en que es casi matemáticamente imposible que podamos estar donde estamos hoy sin que existiera un poco de ayuda en el camino... Eso es lo que estamos analizando (en la película), algunas de las ideas de Eric Von Daniken de cómo los seres humanos surgieron".

Los Antiguos Astronautas

Los defensores de la teoría de los Antiguos Astronautas creen que gran parte de la religión, la cultura y el conocimiento humano son restos de una "cultura madre" extraterrestre.

Los antiguos monumentos se consideran demasiado avanzados para la tecnología de la época como, la Isla de Pascua y la gran pirámide de Giza que se consideran pruebas del contacto extraterrestre. Eric Von Daniken afirma también que el antiguo arte y la iconografía del mundo contienen pinturas de vehículos espaciales, criaturas inteligentes no humanos y tecnología avanzada. Afirma que las culturas que no tuvieron contacto con otros tenían temas similares en su arte, demostrando que hubo una fuente común de sus conocimientos.

Una pintura rupestre real se encuentra en Italia que se dice que representan a los antiguos astronautas visitando la Tierra. Esta imagen fue probablemente la inspiración para las pinturas rupestres encontradas en Prometeo.

Se dice que el Jeroglífico egipcio representan máquinas voladoras. En Prometeo, las similitudes entre Egipto, Maya, Sumeria y los otros artefactos de la civilización pronto pone al equipo de investigación en un viaje hacia el espacio en la búsqueda de los "Ingenieros" de la humanidad.

Los defensores de la teoría de los Antiguos Astronautas afirman que muchos antiguos textos religiosos contienen referencias de los visitantes del espacio exterior. Dos de las principales obras a menudo citadas son el libro del Génesis y el libro de Enoc, que mencionan la existencia en la Tierra de seres gigantes llamado los *Nefilim*.

Los Vigilantes y los *Nefilim*

El libro del Génesis menciona la presencia en la Tierra de seres llamado *Nefilim* (la versión King James utiliza el término gigantes). Estos seres son descritos como híbridos que son el resultado de la procreación entre las mujeres y los "hijos de los dioses".

La descendencia de los observadores fueron los *Nefilim*, descrito como gigantes que vivieron entre los seres humanos. En última instancia se convirtieron en una presencia destructiva en la Tierra y se dice que han consumido "todas las adquisiciones de los hombres". Para eliminar a estos seres de la Tierra (junto con los humanos que fueron mezclados con ellos) Dios creó el gran diluvio. En orden de asegurar la supervivencia de la humanidad, sin embargo, Noé fue prevenido por Dios para construir su arca.

Otro texto antiguo judío, el libro de los Jubileos, afirma que el diez por ciento de los espíritus sin cuerpo de los *Nefilim* se les permitió permanecer en la Tierra después del diluvio, como demonios, para tratar de desviar a los seres humanos hasta la llegada del Juicio Final. ¿Esto es por qué la élite oculta está tan empeñada en corromper a las masas con la materialidad y la perversión?

La premisa de Prometeo está muy influida por esta teoría ya que los extraterrestres en la película son seres gigantes que vinieron a la Tierra para crear y enseñar a la humanidad.

Finalmente la tripulación se junta con uno de sus "ingenieros", un gigante extraterrestre. Lamentablemente, el extraterrestre no sentía con ganas de tener un debate sobre los orígenes de la humanidad y arrancó la cabeza de David el Androide.

Descubriendo que los extraterrestres eran parte de la evolución humana no es tan importante desde un punto de vista solo científico, sino también desde una espiritual, ya que potencialmente podría hacer que muchas religiones sean completamente obsoletas. Todos los sistemas de creencia serían bien cuestionados, o al menos revisados para incluir el "ángulo alienígena".

El Dilema Espiritual

Las implicaciones espirituales de la misión espacial sutilmente se reflejan en la película, a través de diversas escenas que cuestionan la relevancia del cristianismo en este contexto de ingeniería extraterrestre.

Elizabeth, la heroína de la película. lleva una cruz cristiana alrededor de su cuello. Este colgante se convertirá en un símbolo del dilema espiritual que puede ser resultado de las conclusiones de la misión.

Cuando la nave llega a su destino, la tripulación descubre un edificio desierto construido por una civilización extraterrestre que contiene ... extraterrestres muertos. Después de ejecutar pruebas en uno de los cuerpos, la tripulación se da cuenta que los extraterrestres son los creadores de la vida humana en la Tierra. En otras palabras, la teoría de los Antiguos Astronautas según ellos es correcta y que la vida comenzó en otro planeta, de hecho, fueron los "ingenieros" de la humanidad. Una vez que Elizabeth confirma este descubrimiento, inmediatamente se cuestiona sobre la validez de su cruz colgante:

Bueno, supongo que puedes sacarte la cruz de

tu padre ahora, le dicen.
- ¿Por qué querría hacer eso?
- Porque ELLOS nos han hecho."

Elizabeth le da entonces una digna respuesta: "-¿Y quién los hizo a ellos?"

Ella por tanto no ve una contradicción entre creer en el cristianismo y en la teoría de los Antiguos Astronautas simultáneamente. Todavía cree que Dios es el primer creador de todo ... pero ahora tiene que añadir a los extraterrestres a la ecuación.

Antes de que Charlie visite a Elizabeth en su cuarto, David, un robot con una mente inquisitiva, engaña a Charlie al darle de beber una bebida que contiene ADN extraterrestre, sabiendo que tendría relación con Elizabeth y por lo tanto, daría a luz a un niño medio extraterrestre.
Es allí después de esto que Elizabeth pronto se entera que está embarazada. Inmediatamente se da cuenta de que su embarazo no es muy normal, ya que su hijo no es humano y es muy hostil. Teniendo en cuenta el hecho de que la misión tiene lugar durante la época de Navidad, Elizabeth se convierte en una especie de anti-virgen María. En lugar de dar a luz a Cristo, ella dará a luz a una criatura mitad extraterrestre ... no muy diferente de los *Nefilim*.

Al descubrir su embarazo, la cruz de Isabel es removida de ella y guardado lejos, simbólicamente lo que significa es que su fe cristiana ya no es válida.

Elizabeth logra "abortar" la monstruosidad. Entonces, la misión va terriblemente mal y todo el mundo muere excepto ella. Después de casi renunciar, Elizabeth aparentemente tiene una epifanía y se convierte en determinada a descubrir la verdad sobre los extraterrestres. Al parecer, abandonaron a la humanidad hace mucho tiempo e incluso planeaban destruir la Tierra. Algo debe haber ido muy mal con la evolución humana.

Al final de la película, ella se pone la cruz hacia atrás alrededor de su cuello, lo que significa que ella no perdió la fe y que su búsqueda de la verdad ahora es muy espiritual. Ya no es la ciencia, sino la necesidad básica humana de tener preguntas existenciales.

Elizabeth se vuelve a poner su cruz y está decidida a descubrir la verdad acerca de los ingenieros extraterrestres.

Toda la película puede ser interpretada como una metáfora espiritual – una búsqueda de la iluminación. El título de la película en sí, Prometeo, es muy indicativo del significado esotérico subyacente de la película.

Prometeo y La Búsqueda de la Iluminación

En la mitología griega, Prometeo es un Titán, la

raza primigenia de deidades que llegó antes de los Olímpicos. Robó el fuego de los dioses para darle a la humanidad – un acto que permitió el progreso y la civilización. Por lograr llevar a cabo el acto de traer el fuego (símbolo del conocimiento divino) a la humanidad, Prometeo se convirtió en una figura importante en la mitología de las escuelas de misterio, como la masonería y el rosacrucismo, que se basan en el uso del saber oculto para alcanzar la divinidad.

Prometeo, una figura favorita de la élite ocultista, es destacado en el Rockefeller Center.

El equivalente del Judea-cristiana de Prometeo es Lucifer, un "ángel caído" de gran inteligencia que una vez fue el favorito de Dios, entonces le desafió y trajo una nueva forma de conocimiento a la humanidad. El nombre Lucifer es latín de "portador de la luz", que es exactamente lo que ha logrado Prometeo trayendo fuego al hombre. Esta "luz" se dice que es el conocimiento oculto en las escuelas de misterio, ya que permite al "hombre ilustrado" ascender a la divinidad.

La historia de los vigilantes y los *Nefilim* descrito también parecen seguir el mismo arquetipo que narra la historia de los "hijos de Dios" revelándose contra su Gobierno y descienden a la Tierra, enseñando a la humanidad importantes conocimientos. También, como Lucifer, los observadores son denominado "Ángeles Caídos". Por lo tanto, se ve que hay un montón de interconectividad en estos mitos y en el simbolismo de la película.

Al principio del viaje espacial, el Presidente de la Corporación que financia la Misión mantiene una reunión de información y da un discurso sobre la importancia de la misión:

"El Titán Prometeo quiso dar igualdad de condiciones a la humanidad con los dioses y para eso, fue arrojado del Olimpo."

En la película, Prometeo es el nombre de la nave que transporta a los seres humanos hacia su encuentro con los ingenieros extraterrestres. Simbólicamente representa a los seres humanos mediante el "fuego" (conocimiento) que fue entregado a ellos para ascender a la divinidad (sus creadores extraterrestres) por sus propios medios. Esta metáfora de la iniciación espiritual es una reminiscencia a las muchas historias mitológicas que se encuentran a lo largo de la historia que esconden un significado esotérico similar.

Sin embargo, las escuelas de misterio creen que iluminación no es dado a todos, sino sólo a unos pocos elegidos, y esto se refleja acertadamente en Prometeo. En la película, todas las personas que estaban a bordo por fines egoístas, monetarios o insinceros murieron. Sobrevivieron sólo uno que estaba allí por la verdad y con una fuerte fe espiritual. Este tipo de narrativa está a la par con historias alegóricas de iluminación espiritual, afirmando que sólo la verdad del corazón llegará a ese estado superior del ser.

Aparte de Elizabeth, otro personaje no humano sobrevivió, David el androide.

Hacia el final de la película, David esta con su cabeza cortada pero, ya que es un robot, él aún funciona. Elizabeth toma la cabeza y continúa su viaje, lo que simbólicamente significa que ella necesita un intelecto humano puro y la tecnología para alcanzar la iluminación. .

David tiene gran capacidad intelectual, haciéndole creer que él es superior a sus colegas humanos. A pesar de ello, él es sin embargo fundamental para la búsqueda de Elizabeth – un sutil mensaje que indica que el transhumanismo es importante en la evolución humana.

Al final de la película, David no entiende por qué Elizabeth desea continuar su búsqueda de sus creadores. La diferencia es que ella tiene un alma y él no. Es por esta razón que ella se vuelve a colocar la cruz alrededor de su cuello. Su búsqueda no es simplemente una misión espacial, es una peregrinación espiritual para descubrir de dónde viene.

En la escena final de la película, Elizabeth decide no volver a la Tierra (la humanidad) y continuará en la búsqueda de los ingenieros (la divinidad).

En Resumen

Aunque la mayoría de los aficionados al cine probablemente salieron del pensamiento Prometeo que era una "película alienígena decente", cavando un poco más profundo en su significado y simbolismo revelando toda una capa de otras interpretaciones. Inspirándose en la teoría de los Antiguos Astronautas, Prometeo propone una radical reescritura de la historia y la teología, que hace a la humanidad un producto "creado por dioses" extraterrestres. La película también mezcla esta búsqueda del conocimiento científico con las preguntas espirituales y metafísicas, haciendo esta historia no sólo de extraterrestres enojados, sino sobre las eternas preguntas existenciales.

Como sugiere el título de la película, la historia de los seres humanos que van al espacio para encontrarse con sus creadores tiene un significado esotérico subyacente, ya que se puede interpretar como una metáfora de la iluminación espiritual.

El Titán Prometeo es una figura central en las escuelas de misterio oculto, una figura arquetípica de un "rebelde de arriba" que trajo el conocimiento divino para la humanidad, con todos los beneficios y riesgos que engendraría. Ocultas sociedades secretas creen que este conocimiento proporciona la ruta de acceso a la divinidad. Del mismo modo que la nave espacial Prometeo deja la Tierra para encontrar a los ingenieros, inicia una oculta busca para dejar el plano material para alcanzar la iluminación y el "ser uno" con el gran arquitecto del universo, evidentemente que este no es el Dios Verdadero y Todopoderoso.

Dicho esto, ¿Existe algo de verdad en las muchas historias y mitologías refiriéndose a una figura divina que viene desde arriba para impartir conocimientos a la humanidad? ¿Tienen las figuras de Prometeo, Lucifer y los vigilantes del libro de Enoc base fáctica para ellos? ¿Hay un origen "externo" para el conocimiento avanzado y esotérico de la humanidad? ¿Existieron una vez un tipo de "súper-raza" Nefilim en la Tierra pervirtiendo y degradando a la humanidad a desarrollarse en todo lo que tiene que ver con la inmoralidad propagando la iniquidad en los seres humanos, incluso en última instancia dañarla y destruirla?¿Es la razón por que la humanidad es autodestructiva y de alguna manera fuera de sincronización con el resto del planeta? ¿Esa fuente externa viene de extraterrestres como se sugiere en Prometeo o de ángeles caídos o demonios como está escrito en los textos antiguos de las sagradas escrituras? ¿Es este la fuente exterior detrás de las enseñanzas de las sociedades secretas y detrás del ocultismo?

Es evidente en este siglo XXI ver desarrollándose en forma expansiva y arrolladora el concepto de una nueva y única religión mundial, basada en todo lo anteriormente mencionado y escrito, intentando desplazar a Dios, a Jesucristo y al Espíritu Santo, para creer unos conceptos cargados de engaños, mentiras y tramas de las mismas profundidades de las tinieblas.

Los *Nefilim* Siguen Nuevamente en la Tierra

Los gigantes estuvieron antes del diluvio (causando el caos en ese entonces) y después del diluvio hasta que finalmente fueron aniquilados en el territorio de Canaán por los israelitas. Por todo lo que está pasando en la actualidad, hay evidencias de que ellos están nuevamente en medio de nosotros, pues serán una parte considerable de la población durante el reinado del anticristo. Cuando se oye hablar de ovnis, alienígenas y gente que es transportada de un lugar a otro, se puede deducir que son ellos manifestándose nuevamente en la tierra. Hay que tener en cuenta que las fuerzas demoniacas, espíritus inmundos y ángeles caídos quieren crear una raza de *nefilim* en este mundo.

Cuando oigas hablar de fantasmas, duendes, hadas y otras cosas que suceden por las noches, sabrás que ellos no son los familiares que han muerto, sino más bien los engaños de los espíritus incorpóreos que estaban en los *nefilim*. Cuando el adivino local, médium, escritor automático u otro reclamo fanático de la Nueva Era de que están en contacto los espíritus guías sólo recuerda que están teniendo comunión con las fuerzas demoníacas, también conocida como los *nefilim*.

Cuando los *nefilim* morían, ¿a dónde podían ir? ¿al cielo o al infierno?, a ninguno de los dos. Ellos se quedaron en la tierra y son los llamados espíritus inmundos o espíritus familiares. Esos espíritus están aquí desesperados por habitar cuerpos, pues ellos están acostumbrados a vivir en la naturaleza humana. Los *nefilim* tienen la habilidad de conectarse con los humanos, llevarlos a la depravación y hasta tener con ellos relaciones sexuales ilícitas. Hoy se están creando especies fuera de la naturaleza humana que futuramente serán poseídas por estos espíritus incorpóreos.

(Puedes leer más acerca de este tema en el libro Los Vigilantes y la Batalla final de la Iglesia escrito por Lidia Zapico).

¿Qué está pasando ahora con la humanidad?

La ciencia está invadiendo un campo espiritual que ellos desconocen, lo que puede generar un caos y hacer entrar por medio de estos experimentos a la humanidad, en un descontrol completo. El impacto que esto traería a la tierra sería catastrófico. Esto dañaría especies naturales, y no solo eso, generaciones completas. Tanto el hombre como la vida animal y vegetal estarían bajo una grave amenaza.

Surgen entonces varios interrogantes acerca de los clones logrados en los laboratorios, no en el vientre de una mujer. Humanos que aparentan ser como otros hombres pero no tienen ni espíritu ni alma. Son una caja, un cuerpo vacío:

> ➤ ¿Qué espíritu tienen los clones?
> ➤ ¿Será posible clonar un ser vivo para ser como un almacén de repuestos?
> ➤ ¿Desde cuándo comienza la vida?
> ➤ ¿Cuándo se adquiere el ser tripartito?

En este momento se hacen combinaciones genéticas de dos óvulos y un espermatozoide; y una vez que esto ovula, se coloca en la matriz de una mujer para que se desarrolle. La raza humana está siendo clonada. ¿Qué va a pasar con la ciencia entonces? ¿La humanidad realmente ha entendido cuando comienza la vida?

La vida surge cuando él hombre tiene su ser tripartito completo (espíritu, alma y cuerpo). El espíritu y es dado por Dios y vuelve a Dios después de la muerte. Y el alma, que es la identidad del humano, en donde están sus sentimientos y carácter, es creada por Dios en cada ser humano distintamente.

¿Cómo fue visto Noé?

Dice la Biblia, que aunque toda la tierra se había contaminado, Dios vio de repente que había un hombre que se mantenía puro y ese era Noé. Él venía de un linaje que no había sido trastocado ni genética ni espiritualmente. Noé pertenecía a la línea de Enoc, un hombre que caminó con Dios (*Génesis 5:22*) y de su hijo Matusalén 9quien hasta ahora ha sido el hombre que más ha vivido en la tierra).

Dios eligió a Noé y le dijo cómo iba a salvarlo junto a su familia. También por 120 años, le dio una oportunidad a su generación de salvarse en medio de la degradación que vivían en esa época. Noé llamaba a la gente al arrepentimiento diciéndoles que Dios iba a destruir la humanidad con un gran diluvio; mas ellos se burlaban y lo tildaban de loco. Ellos decían que era imposible que eso pasara pues nunca había llovido en la tierra hasta ese momento.

Mientras él daba el mensaje que Dios le había encomendado, Noé seguía trabajando en la construcción del arca. Dice en el libro de *Jasher* que les imploraba para que se arrepintieran y se volvieran a Jehová; pero al igual que hoy en día, la gente se sumergía en sus vidas cotidianas sin involucrarse mucho en las cosas de Dios.

Noé fue el único predicador, evangelista, pastor y profeta que hablo por 120 años, y nadie se arrepintió. Cuando se evangeliza y nadie acepta el mensaje de la salvación, debes de acortarte de Noé, que predicó y anunció que el Señor de gloria era el único Dios. Actualmente, la gente escucha hablar de Jesús pero no advierte el peligro de los últimos tiempos; la buena noticia es que Dios ha provisto una vía de escape para todo aquel que quiera librarse del juicio que vendrá sobre la tierra y esa única salvación viene a través de Jesucristo que es la puerta de Salvación y la vida eterna. Si tienes la convicción de que Jesucristo vuelve pronto, tienes que moverte a evangelizar y testificar de su pronto regreso, para que los que no creen ni conocen la verdad de Cristo vengan al arrepentimiento.

Noé era Genéticamente Perfecto

La Biblia declara que Noé tenía sus genes limpios y era perfecto en todas sus generaciones.

Génesis 6:9 *RVR60*
Estas son las generaciones de Noé: Noé, varón justo, era perfecto en sus generaciones..."

Noé era justo y no había en él pecado. La palabra perfecto en hebreo es /tamim/, y se refiere a integridad, verdad, sin defecto, sin contaminación, saludable, recto y sin tacha; cuando Dios dice que Noé fue perfecto en su generación, era porque tenía perfección moral. Esta palabra nos designa a un hombre que fue hallado sin mancha, en una generación llena de perversiones realizadas por los ángeles caídos; quienes habían contaminado genéticamente gran parte de la raza humana y de los animales.

Entonces era necesario salvar a Noé para salvar a la raza humana, porque de lo contrario la contaminación genética de los *ben' elohim* hubiera alcanzado a toda la humanidad, llevando a la extinción del ser humano.

Noé era descendiente directo de la semilla no contaminada de Set, el hijo que Dios les dio Adán y Eva en lugar de Abel.

¿Quiénes van a ver a Dios? Los puros de corazón. No como Caín que fue despreciado por Dios debido a su maldad, y fue por eso que le fue colocada una marca espiritual. Todos los descendientes de Caín hasta el mismo Aman que venía de esa simiente, odiaban profundamente a Israel. Todos sus descendientes fueron polígamos, asesinos y criminales. Pero Noé no, pues venia de la semilla de Set, el hijo que suplantó a Abel.

Los Descendientes de Caín y Set

Los descendientes que venían de la semilla contaminada del crimen, el homicidio y la maldad de Caín, se degradaron terriblemente y construyeron lo que se conoce como la primera civilización. Esta generación estaba seducida por todo el sistema abominable de la tierra.

La Biblia dice que Dios puso una señal en la vida de Caín, la que lo afectó no solo a él, sino a todas sus generaciones. Bíblicamente está demostrado que todos los herederos de Caín, habían sido drásticamente dañados por la marca que Dios le puso (evidentemente a consecuencia del mismo pecado).

La Herencia de Caín

En las Sagradas Escrituras se puede ver que los herederos de Caín adoraban a dioses. Para muchos, esto puede sonar obsoleto, o solo hacer parte de la historia de la humanidad. Es importante recordar lo que Jesucristo dijo, que en los últimos tiempos, las cosas serían como en los días de Noé. En la actualidad, la humanidad se enfrenta a la misma situación que vivió él. Son millones de seres humanos, que invocan a estatuas, imágenes y espíritus demoniacos de perversión. Mientras eso sucede en la sociedad actual, la gran responsabilidad de los creyentes, es levantar el nombre de Jesús y proclamar sus maravillas como lo hizo el profeta Jeremías; diciendo no a la idolatría, no al paganismo.

Jeremías 10:10-11 RVR60

[10] *Mas Jehová es el Dios verdadero; él es Dios vivo y Rey eterno; a su ira tiembla la tierra, y las naciones no pueden sufrir su indignación.* [11] *Les diréis así: Los dioses que no hicieron los cielos ni la tierra, desaparezcan de la tierra y de debajo de los cielos.*

La Descendencia de Set

Por otro lado está la descendencia de Set. Bíblicamente se entiende que estas generaciones invocaron el nombre del Señor. Desde el comienzo ellos escucharon las enseñanzas del Señor y caminaron en comunión y obediencia con Dios. Esta generación vivió para servir y amarlo. La Biblia dice que eran conocidos como "benditos de Dios". Su preocupación era agradarlo, pero el pecado en esa época era tan grande e intenso, que bíblicamente está demostrado, que esta generación terminó contaminándose con la maldad de la generación de Caín y perdieron propósitos, diseños divinos, pues dejaron de hacer la voluntad de Dios, por lo cual el Señor tuvo que establecer un juicio y determinar el fin de todas las cosas. La Biblia dice que Dios siempre hace distinción cuando encuentra un hombre o una generación que le ama y le sirve. Él no podía pasar por alto lo que había en el corazón de Noé.

Génesis 7:1 *RVR60*
Dijo luego Jehová a Noé: "entra tú y toda tu casa, en el arca, porque a ti he visto justo delante de mí en esta generación"

Dios no tenía por qué volver a crear al hombre después del diluvio, porque tanto Noé como su descendencia fueron hallados justos. Por una humanidad sana genéticamente que venía del linaje de Noé, vendría en un futuro, el Cordero de Dios que iba a quitar el pecado del mundo. Jesucristo era ese cordero, genéticamente perfecto para derramar su sangre para salvación del mundo y de todo aquel que quisiera creer en Él.

¿Que debía hacer Dios si había corrupción y perversión en la tierra? Él tenía que marcar la diferencia entre un hombre perfecto y una familia no contaminada, con los que estaban degradados, y es entonces cuando Él, en su soberanía divina, decide destruir la raza humana corrompida en pecado, ya que no había reparación posible sobre algo tan depravado.
De acuerdo con algunas estadísticas que se tienen de esa época, se cree que la cantidad de seres humanos que habitaban el planeta era de mil millones. En ese tiempo habían muchos habitantes porque la gente tenía hijos en abundancia y vivía por largos años ya que no existía la contaminación viral y ambiental que hay en el mundo. Por ejemplo, Set, el hijo de Adán, vivió 912 años; si en 20 años, él logró tener 20 hijos, hay una buena probabilidad que haya tenido más de 40 descendientes, y eso sin descartar que los hombres de esa época tenían más de una esposa.

Mateo 24:38 RVR60
Porque como en los días antes del diluvio estaban comiendo y bebiendo, casándose y dando en casamiento, hasta el día en que Noé entró en el arca..."

Dios resguardo, al que venía de la simiente de Set y no se había contaminado y por el cual podía seguir el plan con la humanidad; por eso tuvo que enviar un gran diluvio, que destruyera a una humanidad y una raza de gigantes que eran seres deformes, más los animales transformados en bestias indescriptibles, para restaurar la creación original que Dios había creado.

Jesús proféticamente dice en *Mateo 24* que cuando regrese por segunda vez, y manifieste la promesa del arrebatamiento para su iglesia, sería igual a como lo fue en los días de Noé. Jesús nos dio una pista, señal, o evidencia, de lo que la sociedad sería cuando Él estuviera a punto de regresar.

Hoy cuando los predicadores anuncian, que Jesús viene, pronto, muchas persona no creen. Pero lo peor de todo es que muchos pastores, también están negando la segunda venida de Cristo, están enseñando psicológicamente a amar el sistema mundano, más que lo que hay en el cielo. Cuando la gente pudo creer que lo que Noé predicaba era cierto, fue en el momento que vieron con sus ojos que el diluvio venia, pero ya era demasiado tarde para salvarse. Dios había cerrado el arca, y cuando Él cierra una puerta no hay hombre que la pueda abrir. Todos perecieron ahogados. Así es el juicio de Dios que viene, a muchos le sorprenderá.

Hoy podemos decir lo mismo. ¿Sabe cuándo la

gente va a creer en el arrebatamiento? Después que la iglesia del Señor haya partido con Él. Estamos como en los días de Noé, pues solo van a creer que este gran evento se producirá cuando la iglesia haya partido de la tierra, y ya sea demasiado tarde. Es mejor preferir ser de los que creen para irse y no de los que creen para quedarse. En los días de Noé, hubo un gran número de ángeles que permanecieron fieles, aunque también hubo una tercera parte de ángeles que se rebelaron y siguieron a Satanás en completa desobediencia a Dios. Ambos seres angelicales eran hijos de Dios, unos se quedaron en el cielo, y otros fueron los desobedientes que se quedaron en la tierra.

¿Sabes que esto es tipo y figura de la iglesia?, la iglesia del Señor está compuesta de redimidos por la Sangre de Cristo, y por desobedientes que creen estar y ser parte de la misma. Si la Biblia nos dice que en los últimos tiempos las cosas serán como en los días de Noé, es porque habrá fieles arriba e infieles abajo, leales arriba y desleales abajo; existe una clara diferencia entre los que aman al cielo, y los que aman más las cosas terrenales. Ambos eran hijos de Dios, pero tuvieron que enfrentar diferentes destinos.

Hoy en día, hay una enseñanza que lleva amar a la tierra por encima de las cosas celestiales; estos falsos maestros te dicen: *"Todo está bien y serás prosperado y tendrás todo lo que quieras"*; pero eso no es lo que Jesús nos dice en su Palabra: *"como en los días de Noé será mi venida"*. Hay una lucha espiritual entre el justo y el profano. Va llegar el momento en que el Señor marcará la diferencia entre los hijos infieles que aman más la tierra, lo material, pasajero, y transitorio de la vida, que los que se guardan mirando al cielo, como dijo Pablo:

Colosenses 3:1-2 RVR60

1 Si, pues, habéis resucitado con Cristo, buscad las cosas de arriba, donde está Cristo sentado a la diestra de Dios. 2 Poned la mira en las cosas de arriba, no en las de la tierra.

Esto es algo profético. Yo sé que Dios te bendice y te cubre, y te da conforme a sus riquezas en gloria; sé que Él suple tus necesidades y concede los deseos de tu corazón; por lo tanto no pierdas de vista el cielo, que cuando abras los ojos podrá ser demasiado tarde. Es de notar que en estos momentos hay familias contaminadas y otras guardadas según la genética de Noé; es decir, que enseñan a sus hijos la pureza y la santidad de Dios y la transmiten a sus generaciones. La buena noticia para ellos, es que Dios tiene construida un arca de salvación que no está aquí en la tierra sino en los cielos y tiene un espacio reservado para todos los que han decidido creer en Cristo.

Los planes de Dios para la humanidad

No es cualquier tiempo histórico de la humanidad, sino en uno de los más terribles momentos de la historia del hombre y por eso la Iglesia de Cristo, necesita investirse del poder de Dios; ¡no se puede seguir teniendo un evangelio superficial en esta hora!.

La dimensión de guerra espiritual que está confrontando la Iglesia en esta hora, es muy diferente a la de 15 años atrás. Hoy se requiere entrar en una búsqueda de la Presencia de Dios más profunda, como nunca antes se ha tenido, indagar en la palabra y aumentar la fe. No se puede ser solo un religioso practicante que asiste los domingos a un templo. Hay que conocer cuál es el proyecto divino para la Iglesia y todo lo que se está planificando en el mundo natural. La Biblia dice:

Romanos 5:12 *NTV*

Cuando Adán pecó, el pecado entró en el mundo. El pecado de Adán introdujo la muerte, de modo que la muerte se extendió a todos, porque todos pecaron.

Es preocupante que líderes religiosos que dicen creer en Dios, estén declarando que todo lo que la Biblia habla son metáforas; cosas que nunca sucedieron, o parábolas. Ellos promulgan que Adán y Eva no existieron. entonces, ¿Cómo entró el pecado al mundo?; la siguiente pregunta sería, ¿Por qué Jesús murió en la cruz del calvario? ¿Por algo que nunca existió? o ¿Un Adán que no fue verdadero? ¿Por qué entonces se necesitaría un salvador, si el pecado nunca entró al mundo?

La Biblia nos habla de una genética espiritual y cuando esta es alterada, se cambia también la genética física. Quiere decir, que toda maldición empieza con una modificación espiritual. La rebelión de Satanás y sus ángeles o seguidores, repercutió para maldición del género humano; y a través de esa rebelión sutil se provocó la maldición sobre la tierra, y esa es la causa de la enemistad con Dios. La genética espiritual fue dañada y trastocada por el pecado, que fue el vehículo que Satanás utilizo, y por donde ingresó la muerte a toda la creación. Dios, que es el diseñador divino de la humanidad, creó una medicina para quitar toda alteración espiritual y física y se llama la Sangre de Jesús vertida en la cruz del calvario.

El Poder de la Sangre

¿Por qué tuvo Jesús que derramar su sangre? Es importante creer y proclamar que hay poder en la Sangre vertida en la cruz.

El hijo de Dios toma tu lugar y se vacía de su Sangre para salvación y redención de tus pecados. Para que tu tengas su genética, debes nacer de nuevo y creer que su Sangre derramada en la cruz, te limpia y quita de tus genes toda maldición heredada del pecado. *"Porque sin derramamiento de sangre no hay perdón de pecados"*. Al hacerlo serás cambiado/a, y ya no tendrás la genética según la semilla pecaminosa de Adán, sino la del mismo Espíritu que fue del Señor.

Por eso es que cuando el diablo hace una tomografía (*scan*) o una evaluación en la vida de un ser humano que tiene la Sangre del hijo de Dios, Satanás no lo puede condenar. No tiene el derecho, ni la autoridad, porque el Padre le dio todo poder a Jesús, al vertir su Sangre para limpiar tus pecados y cambiar tu genética para siempre.

Mientras hay miles de pecadores en esta hora que no conocen el poder de la Sangre de Cristo; los seguidores genuinos de Jesucristo, debe proclamar que la Sangre de Jesús nunca fue tan eficaz, como en este tiempo que vivimos sobre la faz de la tierra.

Solo la Sangre de Jesús nos da vida inmortal, quita la maldición de la muerte y la sentencia de culpabilidad, y nos hace aceptos para con Dios el Padre, estableciendo hijos e hijas por medio de esa Sangre (*Apocalipsis 12:11*).

Ahora, veamos ¿qué pasa entonces con aquellos que una vez fueron salvos y son redimidos por la sangre? si esto es así, entonces ya no tendrías por qué pecar, porque tu simiente viene de la semilla de Dios, que es la que te da el poder para vencer en su nombre, el pecado.

Cuando Satanás sabe que tienes la Sangre del Hijo de Dios, él dice: "no puedo, no puedo tocar esta persona..." te suelta y no te puede hacer nada. ¿Por qué? Está escrito en Apocalipsis: *"que le han vencido por la sangre del testimonio".* ¿Cómo se vence a Satanás?, por medio de la Sangre de Cristo.

Algo interesante que debías de preguntarte es ¿Cómo saber si esta sociedad pertenece a la generación de la cual el Señor dijo que existiría en el momento de su regreso? Por eso tienes que estar preparado para encontrarte con Él en cualquier momento, debes ayudar al mayor número de personas a llegar a Cristo antes que sea demasiado tarde y que Dios cierre la puerta de la salvación.

Isaías 46:9-10 RVR60

9 *Acordaos de las cosas pasadas desde los tiempos antiguos; porque yo soy Dios, y no hay otro Dios, y nada hay semejante a mí,* 10 *que anuncio lo por venir desde el principio, y desde la antigüedad lo que aún no era hecho; que digo: Mi consejo permanecerá, y haré todo lo que quiero.*

Hoy se están multiplicando ministerios híbridos que no tienen semilla de Dios, que buscan sus propios placeres. Ellos no pueden hablar de santidad, pues su simiente no es la santificación. No pueden hablar de la pureza porque no saben lo que eso significa. Lo que ellos transmiten son mensajes mezclados, pues su genética espiritual ha sido trastocada por la obra de Satanás. Comenzando con políticos y terminando con líderes religiosos.

La maldad del hombre está subiendo hasta el cielo como en los días de Noé y la ira de Dios está siendo retenida por el amor a los escogidos. Como cristianos somos sal de la tierra, y estamos siendo luz en medio de las tinieblas. Mientras haya luz, las tinieblas no pueden operar del todo; pero llegará un momento en que la sal será desvanecida, la luz dejará de brillar, y entonces la maldad cubrirá la faz de la tierra. Es terrible pensar, cuando la iglesia verdadera de Jesús, no esté.

No importa lo que digan los falsos profetas, esta Palabra de Dios se va a cumplir. Ella es lo único que permanecerá para siempre. Jesús dijo: que cielo y tierra pasarían, pero la Palabra de Dios no. (Mateo 5:18)

Dice la Biblia que Dios encerró la puerta y Noé con todos estuvieron en el arca por siete días, antes de que comenzasen abrirse las cataratas de las aguas. Dios abrió siete cataratas celestiales, y la lluvia caía del cielo y también brotaba de la tierra. **Esos siete días puede representar los 7.000 años de la humanidad hasta que lleguen los cielos nuevos y la tierra nueva. Porque un día es como mil años y mil años como un día.**

Dios ha dado un arca para la humanidad para ser guardada del juicio que viene contra ella y es la gracia o el regalo de Dios para salvación. Jesús es el Arca de Salvación y nuestra Puerta a la vida eterna sin condenación.

¿Quién va a cerrar la puerta? No será ni un

apóstol, ni un profeta, será como en los días de Noé que el mismo Dios cerró la puerta, así se cerrara un día la puerta de la de salvación y aunque quieran entrar ya no habrá más oportunidad. La Biblia dice: *"Busca a Dios mientras Él puede ser hallado"* (Isaías 55:6), quiere decir que un tiempo no será hallado. *"Llámale en tanto que está cercano"*, es decir, va haber un día que no estará cerca para dar salvación.

Dios mismo va a cerrar la puerta de la gracia y el favor de la salvación, que por más de dos mil años ha estado abierta.

Cuando Él la cierre, abrirá las puertas de los cielos para determinar juicio y justicia a las naciones. Esto será igual a lo que sucedió el día que los ángeles sacaron a Lot y su familia de Sodoma y Gomorra, y comenzó a caer fuego del cielo.

Bíblicamente se puede observar que a través de la historia de la humanidad han habido varios intentos del enemigo, de tratar de interrumpir los planes que Dios, ha establecido para ofrecer la salvación a la raza caída. Hoy se puede notar la forma sutil que este espíritu destructor está usando, bajo maquinaciones de engaños y confusión, tratando de impedir la salvación de los perdidos.

Si quieres ver cómo el mal va a actuar en el futuro, entonces debes mirar lo que ha sido hecho en el pasado. Por el momento el paquete puede estar envuelto con un papel decorativo diferente, pero los contenidos siguen siendo los mismos. Los vigilantes los /ben 'Elohim/ y los espíritus de sus hijos los /nefilim/ estaban aquí antes del diluvio, ellos están aquí ahora (porque han sido invocados y llamados a descender) y son una parte terrible influenciando a los pecadores a hostigar y oprimir con opresión la población del mundo, porque saben que pronto comenzara el reinado del Anticristo.

Es evidente que debes de entender que estás en una guerra espiritual aun cuando la desee o no.

Hoy no existe neutralidad en esta batalla del fin; o estás del lado de Dios o estás del lado del adversario del reino de Dios. Del lado por el que tú decides estar es que determinará en donde vas a pasar la eternidad. Si tu elección es por Dios, te encontrarás con el amor de Él, tan grande que envió a Jesucristo para salvar tu alma. Pero si te vuelves y eliges el lado equivocado, vas a pasar la eternidad en condenación eterna.

Esto es real y Dios el único y verdadero creador, te esta dado una opción. Si no la has hecho aún, te ruego que tomes la decisión más correcta, que te conducirá a la vida eterna.

CAPÍTULO 12

TRANSGENENCIA: LOS HUMANOS PRETENDIENDO SER DIOS

Han pasado varios años desde que el pecado rompió de los seres humanos su propio código genético, pero todavía, "tienen que despertar a un mundo de formas de vida artificiales" -como lo afirman muchos genetistas. Mientras que se espera que la ciencia genética continúe avanzando tal vez deberías observar lo que está sucediendo en este campo científico.

Los transgénicos son organismos que provienen de semillas manipuladas artificialmente. Nunca se producirían en forma natural, sino por medio de la ingeniería genética. En práctica, esto consiste en la introducción de un gen aislado proveniente de un virus, bacteria, planta, animal o humano al, genoma de otro ser vivo.

El Transgénesis en los animales

La transgénesis se puede definir como: la introducción de un ADN extraño en un genoma, de modo que se mantenga estable de forma hereditaria y afecte a todas las células en los organismos multicelulares. Generalmente, en animales, el ADN extraño, llamado "un transgen", se introduce en zigotos, y los embriones que hayan integrado el ADN extraño en su genoma, previamente a la primera división, producirán un organismo transgénico; de modo que el transgen pasará a las siguientes generaciones a través de la línea germinal (gametos). Entre las aplicaciones de los animales transgénicos se pueden destacar lo siguiente:

Todos los seres vivos tienen células las cuales en su interior contienen los núcleos. En el núcleo de cada célula están los cromosomas formados por moléculas de ADN. Los genes son secciones de ADN en los cromosomas que determinan características específicas en los seres vivos que son transmitidas hereditariamente.

Vaca "Azul Belga"

Podemos ver, por ejemplo lo que está sucediendo con la alteración genética de las vacas. Estas tienen unas características deformes resaltando en sacos de músculos acentuados. Es como un monumento al poder genético de la cría selectiva. Un solo defecto genético, un gen de la miostatina defectuoso, es responsable de su enorme masa, y ese defecto fue cuidadosamente pasado a través de la raza desde hace más de un siglo antes de que fuera conocido lo que estaba causando su impresionante doble musculatura. Solo tienes que hacer una búsqueda rápida en Google con "vacas transgénicas" y podrás ver fotos de lo que se describe en este segmento. Esto ocurre también con los pollos.

¿Sabías que algunas variedades de carne de vacuno en el mercado hoy en día provienen de ganado que ha sido modificado deliberadamente para que les crezcan anormalmente grandes músculos para la producción de carne?

Un segmento emitido por el canal *National Geographic* ofrece una visión de la misteriosa producción de las llamadas "Súper Vacas", que llevan intencionadamente un gen defectuoso que les permite crecer anormalmente grande, (con una doble musculatura). Esta raza "mutante" que tiene poco de ganado se conoce oficialmente como la "Azul Belga", y sus orígenes se remontan a principios de los 1800s cuando los científicos y los agricultores belgas decidieron criar ganado nativo con Shorthorn y posiblemente variedades de ganado Charolais, creando un híbrido fuerte y musculoso.

Con el tiempo, los ganaderos podrían seleccionar los animales más fuertes y más grandes de cada variedad y criarlos juntos para crear descendientes supuestamente superior. Esta cría selectiva es utilizada por los ganaderos para mejorar las características deseables en los animales, explica el National Geographic Channel sobre el proceso.

Aunque técnicamente diferente del tipo de modificaciones genéticas que se encuentran hoy en día, por ejemplo, el Azul Belga deliberadamente es criado con este gen defectuoso, conocido como miostatina, que altera sus patrones normales de crecimiento. Esto es lo que dice Wikipedia sobre la mios tatina:

> "Formalmente conocido como **factor 8 de crecimiento y diferenciación**, es un factor de crecimiento que limita el crecimiento del tejido muscular, por ejemplo concentraciones elevadas de miostatina en un individuo provocan una disminución en el desarrollo normal de los músculos.
>
> La proteína miostatina se produce en células del músculo esquelético, circula en sangre y actúa en el tejido muscular, al parecer retrasando el desarrollo de las células madre musculares. El mecanismo exacto sigue siendo desconocido.
>
> Miostatina y el gen asociado fueron descubiertos en 1997 por los genetistas McPherron y Se-Jin Lee, que también produjeron una estirpe del mutante en ratones con la carencia del gen que eran alrededor de dos veces más fuerte que los ratones normales.
>
> El gen se ha secuenciado en humanos, ratones, pez cebra y otras especies animales, demostrando pocas diferencias entre especies. Lee encontró en 1997 que la raza bovina "Blanco Azul Belga" y una familia de raza "Piamontesa" tenían el gen de la Miostatina defectuoso; estas estirpes se han producido a través crianza." [1]

En 2001, Lee crea ratones con el gen intacto de la Miostatina y con gran masa muscular insertando mutaciones que aumentarán la producción de sustancias bloqueadoras de la Miostatina."

Abultadas truchas mutantes

Los peces no se salvan de las manos de los genetistas. No solo las vacas están alcanzando tamaños gigantes por medio de la modificación genética, también los peces que pronto van a parar a los platos de los consumidores.

Los científicos han creado cientos de peces mutantes modificados con nuevos genes.

La "trucha arco iris" transgénica podrían tener algún atractivo en el mercado, ya que proporcionan cada producto un mayor tamaño y peso, o sea más carne que el normal. Sí, de eso se trata, nadie sabrá cómo se veía una vez que se ha limpiado, cortado y congelado.

¿Cuál es el propósito de todo esto?

Simple, crear más carne, por supuesto, que a su vez genera más beneficios para la industria de la carne. Todo esto, sin lugar a dudas, confirma en que momento del acontecer profético está viviendo la humanidad hoy, es determinante que observes con detalles cada una de las evidencias y realidades proféticas de los últimos tiempos.

Transgénicos y el control de los alimentos

Hoy en dia, las semillas y los genes se están patentando. Se está registrando cada proceso de alimentación y los gobiernos lo está permitiendo con su silencio. La comercialización de alimentos transgénicos es un acto irresponsable que convierte a los consumidores (sin ellos saberlo) en experimentos humanos. Las multinacionales agro tecnológicas (que desean que haya componentes transgénicos en un 60-70% de los productos comercializados) se prometen grandes beneficios económicos, mientras el riesgo lo asumen los ciudadanos y el medio ambiente.

Diez años después de su introducción en los mercados, las grandes promesas de los cultivos transgénicos están muy lejos de hacerse realidad, no han aumentado el rendimiento de los cultivos y mucho menos han mejorado la calidad de los alimentos y del medio ambiente. Tampoco han contribuido a solucionar el problema del hambre mundial. Por el contrario, en los principales países productores están apareciendo ya problemas agronómicos relacionados con este tipo de cultivos cuyos están agudizando los problemas ambientales como el abuso de pesticidas y empeoran las situaciones de pobreza, injusticia y exclusión social.

Un grupo de expertos del departamento de ingeniería genética de la Universidad de Caen,

Francia, presentó un nuevo estudio, en el que se demuestra que las ratas de laboratorio alimentadas con un maíz modificado genéticamente (OMG) producido por la multinacionales biotecnológicas han mostrado signos de toxicidad en el riñón y en el hígado.

El estudio, publicado en la revista científica "Archivos de Contaminación y Toxicología Ambiental" (*Archives of Environmental Contamination and Toxicology*), analiza los resultados de las pruebas de seguridad presentados a la Comisión Europea para obtener la autorización de comercialización en la UE para su variedad de maíz transgénico, MON 863. Los datos muestran que el MON 863 tiene asociados riesgos significativos para la salud; sin embargo, la Comisión Europea concedió licencias para comercializar este maíz tanto para el consumo humano como para el consumo animal. Es importante recalcar que la mayoría de las comidas en los países desarrollados contienen maíz. Esto lo puedes comprobar, mirando el contenido de los ingredientes de los alimentos vendidos en los supermercados.

Recientemente Alemania se ha unido con otros cinco países (Francia, Grecia, Austria, Hungría y Luxemburgo) No autorizando el cultivo del maíz modificado denominado MON 810. Existen la publicación de dos nuevos estudios que han aportado nuevos elementos científicos que evidencian una contaminación al medio ambiente.

Sin embargo, España tiene abiertas las puertas al MON 810, despreciando por parte de las autoridades competentes, el sentido común de la precaución y poniendo en peligro el medio ambiente y la salud de sus ciudadanos.
Si seis países lo han prohibido, se puede llegar a la conclusión que el riesgo es, en efecto, grande y todas las demás naciones, por consecuencia, deberían hacer lo mismo.

Estos cultivos sólo hacen patentar las semillas alteradas y estas a su vez están preparadas para que sólo un tipo de insecticida sea eficaz y ese fitosanitario es vendido también por los mismos que han efectuado la modificación y la venta de semillas. El fin del día no es nada más ni nada menos que en negocio sucio.

1 Timoteo 6:10 ᴺᵀⱽ
Pues el amor al dinero es la raíz de toda clase de mal...

En el mundo, los cultivos transgénicos ya ocupan 100 millones de hectáreas . Son patentados, por lo que su uso y sus semillas dependen directamente de la empresa que lleve a cabo la alteración genética, dejando al agricultor en manos de los caprichos de los laboratorios, enterrando el procedimiento milenario de guardar las mejores semillas para las cosechas siguientes y privando a los agricultores a no poder más guardar semillas para las próximas cosechas.

A pesar de todas estas advertencias, las industrias relacionadas con esta aberración contra-natural, siguen extendiendo sus tentáculos y haciendo cada vez más a los agricultores ser dependientes de sus sistemas. Las patentes de las semillas son un atentado contra la vida y la seguridad alimentaria a escala mundial. Existen informes preocupantes en los que están advirtiendo acerca de alteraciones impredecibles en la salud cómo ser:

> ➤ Proteínas extrañas causantes de procesos alérgicos.
> ➤ Producción de sustancias tóxicas.
> ➤ Invasiones celulares.
> ➤ Marcadores con genes resistentes a los antibióticos.
> ➤ Alteraciones en las propiedades nutritivas, hormonales e inmunitarias.
> ➤ Contaminación genética.
> ➤ Toxicidad por el aumento predecible de uso de herbicidas debido al uso de plantas resistentes a ellos.
> ➤ Inestabilidad genética.

Además de todo esto, es de conocimiento que en la producción de alimentos transgénicos se utilizan virus, bacterias y plásmidos. Son intereses muy contrapuestos que haría falta separar por el bien de la humanidad, puesto que la salud y alimentación van íntimamente relacionadas y son parámetros que habrían de estar excluidos de la locura especulativa y de la manipulación genética en que ha entrado este mundo, bajo una influencia cada vez mayor de engaños y mentiras perpetrados por las mismas maquinaciones que siempre ha elaborado el reino de la tinieblas.

Las semillas son el primer eslabón de la cadena. Es notorio que quien controla las semillas controla la oferta de alimentos y, por lo tanto, a los seres humanos. El resultado es la creación de un nuevo ser, con ventajas frente a sus semejantes naturales. De esta forma, por ejemplo, podrían obtenerse plantaciones que soporten mejor el frío, que crezcan más rápido o cultivos más resistentes a las plagas sin la necesidad del uso de pesticidas.

El control a través de los alimentos transgénicos

La mayoría de las comidas que se consumen hoy contienen elementos manipulados genéticamente. Los ingredientes transgénicos más utilizados en alimentos provienen de cuatro cultivos: maíz, soya, algodón y canola, siendo los dos primeros los más utilizados. Los transgénicos son seres vivos (plantas, animales o microorganismos) que han sido modificados en laboratorios mediante la introducción de genes de otras especies de seres vivos, para proporcionarles características que **nunca** obtendrían de forma natural. Por lo tanto, un **transgénico**, es un Organismo Genéticamente

Modificado (OGM) al que se le ha introducido un nuevo gen que pasa a ser parte de su genoma. Si se cambia el orden con el que la naturaleza ha distribuido los genes, lo producido ya no es la misma planta, animal o persona, creándose "un nuevo ser vivo" o una nueva especie.

En la actualidad, los científicos están logrando pasar por encima de las leyes de la naturaleza mediante los recientes descubrimientos de la ciencia conocida como la "Ingeniería genética" o "biotecnología" o "ADN Recombinante". Existe hoy una Corporación Multinacional de Biotecnología Agrícola, la cual controla alrededor de 90 por ciento del mercado mundial de semillas transgénicas. Comercializa la hormona de crecimiento de las vacas obtenida por manipulación genética para que produzcan más leche, causando a los animales efectos secundarios indeseables (malformaciones en terneros, trastornos reproductivos).

Las semillas transgénicas no pertenecen al agricultor que las siembra sino a la transnacional que las comercializa. El agricultor tiene prohibido vender, intercambiar y guardar sus semillas, pues de hacerlo enfrentará demandas judiciales por parte de la empresa. Se están presentado diversos casos de contaminación, debido a la siembra ilegal, deliberada o accidental, como en el caso del maíz. El polen y la semilla de los organismos transgénicos pueden ser transportados por los polinizadores. Esto hace que cada vez más se propaguen plagas más peligrosas. Al crear un organismo resistente a agro tóxicos por incorporación de genes, estas resistencias pueden transmitirse a las plagas convirtiéndolas en súper plagas, debiendo aplicarse mayor cantidad a los cultivos, creando así una dependencia de químicos producidos por las mismas multinacionales. Los seres humanos no poseen capacidad para desarrollar resistencia a los plaguicidas que cada vez son más tóxicas. Esta contaminación por exceso de agro tóxicos provocará también la disminución de especies.

¿Cómo detectar alimentos transgénicos?

Algo que llama profundamente la atención es que la mayoría de las frutas que hoy se consumen en gran parte del mundo no tienen semillas. Es evidente que todo alimento alterado genéticamente **no tiene la capacidad por sí mismo de traer semillas para seguir reproduciéndose según su género tal como lo especifica la Biblia.** Toda semilla transgénica solo sirve para ser plantada una vez. Ya que entonces el fruto producido no lleva semilla, todo los agricultores se vuelven dependientes de aquel sistema que les proveerá las semillas.

La Biblia establece en *Génesis 1:11* la verdadera naturaleza y procedencia de las semillas originales creadas por Dios mismo. Dios desde tiempo memorables en la Biblia advierte en el

Antiguo Testamento acerca de no mezclar las semillas ni alterar el orden prefijado por Él mismo.

Deuteronomio 22:9 RVR60
No sembrarás tu viña con semillas diversas, no sea que se pierda todo, tanto la semilla que sembraste como el fruto de la viña.

Es evidente que esto muestra claramente la prohibición de Dios, siendo esto totalmente determinante, con relación a la manipulación genética. No sembrarás, esta palabra viene del original hebreo /kilayim/ y /zere/, esto significa, un restringir, limitar, abstenerse, por un acto o una palabra prohibida, retenerse, quedarse callado, quieto, denegar, rechazar, en el sentido original de separación, dos cosas heterogéneas, diversas semillas, diversas clases o mezcla de semillas.

/Zere/ se traduce en inglés como *seed*, que significa: semilla, simiente, pepita, grano, cabeza, de una serie, germen, semen, y descendencia. En esta traducción /zere/, no sembrarás, se puede entender que no solamente se refiere a la semilla en el campo de la agricultura, sino también que la prohibición se amplía a todo ser vivo, al saber que por el significado de la misma palabra en el original hebreo está el semen y la descendencia de los otros seres vivos, todas las semillas, incluyendo todos los seres vivos es terminantemente prohibido de parte del Dios de la Biblia, el único creador de los cielos y la tierra, es en sí misma una prisión a todo concepto de manipulación genética. Es más, conforme al doble significado que tiene /kylayim/, el Señor Jesús, el verbo de Dios, restringe y limita al hombre a mezclar dos cosas heterogéneas, hay un sentido original de separación conforme al significado de la palabra.

Por lo tanto, el hombre se tiene que abstener del acto de mezclar diversas semillas, o dicho en otras palabras de acuerdo al siglo XXI de este tiempo del fin, el hombre debe retenerse de mezclar diversas clases de genes que pertenecen a diversas semillas. Con estos textos Dios también prohíbe la mezcla de genes de semillas con genes del hombre. Restringe como a una prisión el hecho de mezclar, por ejemplo, los genes provenientes de espermatozoides de dos varones diferentes para provocar descendencia usando el ovulo de una mujer, inseminado a su vez con genes adicionales de un donante femenino como se ha mencionado previamente en este libro.

/Zere/ o seed, según sea en hebreo o en inglés, significa planta, plantar, poner, colocar o infiltrar. Esto es lo que se hace con los organismos genéticamente modificados pues se planta, se pone o se coloca. Se infiltran genes diversos en cualquier especie y, peor aún, cuando científicos del siglo XXI, mediante inyecciones de ADN, alteran la línea germinal humana, retocando la constitución misma del bebe. La Modificación de la línea genética se logra utilizando una aguja fina y absorbe una parte de material interno con mitocondria saludable de los óvulos de donantes y se lo inyectan y se lo infiltran en óvulos de la mujeres infértiles que quieren concebir.

Recuerda que la agenda del enemigo siempre ha sido la mezcla. El espíritu de Babilonia, que es confusión y rebelión, es mezclar lo santo con lo inmundo, lo creado con lo fabricado. Desea seguir manipulando a la humanidad y seguir contaminando el corazón del hombre con mezclas. Desde el principio se estableció una guerra de semillas o simientes.

Génesis 3:15 declara acerca de dos simientes, o se dos clases de semillas, lo que quiere decir también dos clases de espermas que vinieron a la tierra, solo que las dos son de origen diferente para tomar diferentes destinos. Unos van a la gloria y otros a la perdición, unos son los hijos de Dios y otros son los hijos del diablo. Es de entender porque unos humanos escuchan la Palabra de Dios y otros no, porque siempre han existido dos clases de semillas sembradas en este mundo.

El Señor abomina las mezclas, por eso lo advierte por medio de la Palabra. Esta mezcla comenzó en *Génesis 6*, por medio de la conspiración, lo cual significa un movimiento secreto y oculto que tiene como propósito oponerse a las formas del Creador. Siempre que esta se entreteje es para mezclar lo bueno con lo malo, para debilitar la pureza de la creación y contaminarla. Desde el jardín del Edén, antes del diluvio y después de Noé la tierra ha estado contaminada por potestades contrarias a Dios, y estas siempre han querido tomar el control del mundo. Hoy, este tipo de rebelión sigue moviéndose por medio de la mezcla provocando contaminación en todas las especies. Así como en el huerto por un fruto llegó la muerte, así ahora con los frutos y alimentos transgénicos llega también muerte, ya que ellos están siendo producidos a través de organismos genéticamente modificados. Para los que los producen, no es importante que no tenga semillas, solo les interesa que tenga mejor apariencia y mayor tamaño.

Todo esto no es otra cosa que ir preparando en cierta manera la destrucción, mencionado en otro capítulo, acerca de la raza humana como creación divina, pues con estos métodos, lo que intentan hacer es poder crear nuevas razas de seres humanos, con características adicionales como fuerza e inteligencia, lo cual provocaría el advenimiento de súper hombres. Este es el tiempo del fin. Los últimos días en que se ha incrementado la ciencia y por lo tanto el conocimiento del bien y del mal, cuya fuente es la caída del género humano llamado Adán en el Edén.

Levítico 19:19 RVR60

Mis estatutos guardarás. No harás ayuntar tu ganado con animales de otra especie; tu campo no sembrarás con mezcla de semillas, y no te pondrás vestidos con mezcla de hilos.

¿Qué es *shaatnez*?

La Torá prescribe:

Deuteronomio 22:9-12 RVR60

9 No sembrarás tu viña con dos clases de semilla, no sea que todo el fruto de la semilla que hayas sembrado y el producto de la viña queden inservibles. 10 No ararás con buey y asno juntos. 11 No vestirás ropa de material mezclado de lana y lino. 12 Te harás borlas en las cuatro puntas del manto con que te cubras.

En el hebreo dice "no usarás vestidos de *shaatnez*. En ocasiones hay muchos que se sorprenden que en la ley de Dios se legisle sobre asuntos que llegan a calificar de triviales. Esperaban que Dios se ocupara de cosas más espirituales y no de detalles de la vida, pensando cómo es si la ropa que utiliza es o no es 100% lana o algodón.

Que no se haga ayuntar ganado de distinta especie, lo entienden; que no se siembre con mezcla de semillas, tal vez quizás lo pueden asimilar; pero... ¿no mezclar hilos? ¿Qué puede tener eso de malo? ¿Qué hay en ello que sea dañino o perverso? ¿Qué tiene eso de pecaminoso?

Una mezcla bien hecha permite guardar la apariencia de que se trata de un producto 100% puro, aunque en el fondo no lo sea. La enseñanza, entonces, es clara: las mezclas abaratan, merman la calidad. Así pues lo que Dios censura no es la simple mezcla de hilos; sino el mezclar para abaratar. En realidad Dios desaprueba que se afecte la esencia por solo cuidar la apariencia. Eso sí es pernicioso, dañino y eso sí corrompe. Por eso en *Levítico 19:19* Dios comienza diciendo: *Mis estatutos guardarás*, queriendo decir los guardarás sin mezclas que los disminuyan; no los hilvanarás con aquello que los contamine, antes los guardarás tal como son.

Dios desea que su Palabra, sus estatutos, sus mandamientos y sus testimonios sean los únicos hilos que se tejan en nuestra vida, sin mezclarse con los hilos de los gustos e intereses de los demás, ni con las fibras de la influencia mundana, ni con las hebras de la religiosidad, ni con ninguna otra cosa porque, por buenas que te parezcan las otras fibras, y por auténtico que aparenta ser el resultado, el mezclar la Palabra de Dios sólo redundará en deterioro de la calidad de tu verdadera vida en Cristo.

Los híbridos animal-humanos y las quimeras

Los científicos han comenzado a borrar la línea entre lo humano y animal mediante la producción de *quimeras*, criaturas híbridas que son en parte animal y en parte humana. Híbridos y quimeras, dos términos que en principio suenan tan parecidos y que en la realidad no lo son. En ambos casos, hoy el mundo se encuentra entre dos patrimonios genéticos conviviendo en un mismo cuerpo para dar lugar a una nueva y monstruosa criatura, llamada asi.

Los Híbridos

La ciencia pudiera estar ya lista para ir mezclando especies, traspasando los límites éticos, morales y espirituales. Si se reconoce el hecho de que la naturaleza tiene como autor a un Dios Creador sobre ella, cada especie tal y como la conocemos hoy, son de su propiedad, de tal manera si la ciencia está intentando alterar o trastornar esas especies, lo que está haciendo es que está alterando y plagiando la obra de Dios. Para muchos científicos estos conceptos éticos no tienen ningún valor alguno y siguen manipulando y distorsionando la obra del Creador para ir por otro camino diferente.

Por medio de muchas revistas de información, tecnología y ciencia genética, se publican a diario que hoy la ciencia está experimentando con seres híbridos, es decir mitad hombre y mitad animal, como también podría ser mitad hombre y mitad otra especie totalmente, diferente como la que abordamos en anteriores capitulo.

Aunque parezca imposible de creer, hoy ya se

habla de la creación de quimeras utilizando células de humanos y células de simios. De poder llegar a crear una nueva especie mitad hombre y mitad mono, ¿hasta dónde llegan los límites de la ética en la ingeniería genética y en las prácticas privadas de los laboratorios? En realidad los científicos no están creando nada, lo que sí están haciendo es manipular las células, ubicando o intercambiando elementos en el genoma o ADN y una vez allí colocados, las células continúan sus procesos. Si se colocan de diferentes maneras, los resultados serán diversos.

La ciencia debe regirse por leyes que el Creador ha puesto en la propia naturaleza. Estas son las que puedes observar en el ejemplo de la semilla. Esta es una capsula que contiene el código de identidad de una planta especifica. El hombre se encarga de colocarla en la tierra, y el resto del trabajo lo hace Dios. La semilla comienza a germinar en donde fue depositada y sus diferentes componentes permiten que se abra, eche raíces, y al buscar la luz del sol, crece, se levanta y da flores y luego fruto. Ahora, si un hombre trastoca esa semilla, el proceso puede seguir, pero con los cambios que los hombres le haya hecho.

Un híbrido es un organismo procedente de la mezcla del material genético de dos especies, subespecies o razas diferentes. La hibridación, la concepción de un híbrido, se produce cuando dos gametos de especies distintas se juntan para dar lugar a una célula; huevo extraño. O dicho en otras palabras, es la fecundación de un óvulo por un espermatozoide que no debería estar ahí. En la fecundación, los dos genomas se unen en el núcleo de la célula huevo, o cigoto, y cuando esta comienza a dividirse para formar el embrión, se puede asegurar que todas las células hijas que algún día constituirán el cuerpo de la nueva criatura seguirán manteniendo la misma mezcla de material genético. Citando un ejemplo clásico, eso es lo que ocurre cuando un espermatozoide de burro fecunda a un óvulo de yegua. El cigoto resultante no pertenece a ninguna de las especies progenitoras, sino a una nueva especie que llamamos, mulo. Como todas las células del mulo comparten el genoma de burro y caballo y ambas partes se expresan a la par, al final obtenemos un animal armonioso, bien formado y con un "aspecto homogéneo". Suelen ser muy utilizados como animales de carga debido a su fuerza y resistencia.

Por su parte, las quimeras se dan de un modo bastante distinto. No es tanto la unión de material genético de dos especies en una misma célula, si no la mezcla de células de dos especies dispares en un mismo embrión. Si se tiene dos cigotos de especies diferentes que ya han comenzado a dividirse y se unen haciendo que las células de uno se confundan con las del otro, estas se recolocarán y un nuevo embrión continuará con su desarrollo como si nada hubiera pasado.

Si dicho embrión logra salir adelante, al final

nacerá una quimera en cuyo cuerpo albergará dos poblaciones de células correspondientes a los dos animales originales. Tendrá un marcado aspecto heterogéneo, con unos órganos formados por células de un animal, y otros de otro animal. La explicación es que las células que conservan su material genético intacto y puro, jamás olvidan la especie a la cual pertenecen aunque se encuentren rodeadas por células extrañas. Durante el desarrollo, cada célula de un embrión quimérico se dividirá para producir más células como ella. Así de sencillo.

Al contrario que los híbridos, que pueden aparecer sin demasiada dificultad en condiciones naturales, las quimeras son casi siempre creadas en laboratorio. ¿Por qué? Pues porque resulta complicado ver una situación natural en la que dos embriones de distinta especie puedan tropezarse, se fusionen y de ahí nazca una quimera. Los dos embriones se unen manualmente bajo el objetivo de un microscopio, y el embrión quimérico es luego introducido en el medio adecuado para su posterior crecimiento, como el útero de una madre de alquiler si se trata de un mamífero. De hecho, es así como se producen los ratones quiméricos: combinando un embrión de ratón con otro de ratón albino.

Como no podía ser de otra manera, también existen ejemplos de combinaciones entre animales y humanos, o mejor dicho, personas con partes de animales. Hombres con patas de cabra, cabeza de toro, cabeza de halcón, cuerpo de león, cuerpo de caballo, o, como en el caso de las sirenas, cola de pez. Básicamente, todo ser humano que porte alas de ave en la espalda, podrá ser sin lugar a dudas catalogado como una quimera.

Los científicos chinos en la Segunda Universidad Médica de Shangai (*Shanghai Second Medical University*) fusionaron con éxito células humanas con óvulos de conejo. Los embriones fueron reportados como las primeras quimeras humano-animales creados con éxito. Se les permitió desarrollar durante varios días en un plato de laboratorio antes de que los científicos destruyeran los embriones destinados a la cosecha de células madre.

En Minnesota, los investigadores en la Clínica Mayo crearon cerdos con sangre humana que fluye a través de sus cuerpos. Los científicos creen que, cuanto más parecidos a los humanos sea el animal, es mejor el modelo de investigación que facilita el probar medicamentos o posiblemente crezcan "piezas de recambio", como el hígado, para trasplante en seres humanos.

Pero la creación de quimeras humano-animal — nombrado según un monstruo de la mitología griega que tenía una cabeza de león, cuerpo de cabra y cola de serpiente —, ha planteado preguntas inquietantes:

¿Qué nueva debe ser la combinación infrahumana a producir y con qué propósito? ¿En qué momento sería considerado humano? ¿Qué derechos, si los hubiere deben tener?

La ciencia ya está utilizando un término nuevo como ser *humanzee* una palabra cuyo significado deriva de la mezcla de humano-chimpancé, aceptando que han tomado células de estas dos especies y han creado una quimera. Todo esto bajo el seudónimo de la bondad que puede resultar es para el beneficio de la salud de la humanidad. Más la realidad de todos estos experimentos es que se pueda crear una nueva especie lo más parecida a los humanos en los cuales se puedan hacer las investigaciones que se crean necesaria para ayudar al ser humano contra enfermedades y condiciones del propio organismo. Mas el trasfondo verdadero de todo esto, ¿cuál es? Es que la ciencia está logrando hacer creaciones de humanoides, células humanas o de diferentes especies siendo inyectadas en cuerpos extraños o de especies opuestas.

También se están haciendo transfusiones de sangre humana hacia animales y no sabes cuantas otras cosas más. No sería de asombrarse que lograran mezclar células femeninas con alguna clase de pez y pudieran conseguir la formación de una sirena, mitad pez y mitad humano, tal como era el dios de los filisteos, llamado Dagón, mitad hombre y mitad pez.

En las noticias de la *National Geographic*, con fecha enero del 2005 salió lo siguiente: **Los híbridos animal-humano provocan controversia**. El artículo hace referencia a los experimentos científicos donde se pretende crear quimeras utilizando células animales y humanas. Hoy, lo que se puede ver, es como por medio de la ingeniería genética se están traspasando lo límites de la salud para ir detrás de la supuesta creación de nuevas especies. Si de eso mismo se trata, se podría llamar un terreno de lo desconocido donde los hombres violan ampliamente los códigos de lo natural de las especies y crean nuevos seres mezclando y cruzando los límites con animales o con humanos dando paso a criaturas monstruosas que hasta el momento sólo se encontraban en la antigüedad, en la historias de las mitologías griegas.

La pregunta interesante que podría formular es la siguiente: ¿Es la ingeniería genética o la manipulación del genoma humano un descubrimiento moderno o se trata de la repetición de un ciclo de la historia de la raza humana, de un escenario muy similar o parecido al que vivieron el mundo antiguo, que desaparecieron cuando llegaron al clímax no solo de la maldad y perversión sino aun la distorsión de la naturaleza que Dios había creado?

Sin lugar a duda, existen registros antiguos que describen un mundo con grandes adelantos tecnológicos y capaces de mezclar y tergiversar la naturaleza tanto humana, como animal y aun vegetal. La manipulación de la genética está registrada claramente en la Biblia como ya anteriormente hemos venido explicando en forma detallada.

Las antiguas civilizaciones, desde los egipcios hasta los romanos, derrocharon imaginación creando a todo tipo de monstruos fantásticos a partir de la combinación de dos o más animales reales, ya fuesen híbridos o quimeras, e incluyéndolos luego en sus más sagrados mitos. Experimentaron con múltiples combinaciones de animales que terminaron prevaleciendo en la mitología antigua y que aún hoy continúan estándolo en las leyendas modernas. Sin ir más lejos, en las sagas de *"Harry Potter"* o *"Las crónicas de Narnia"* hay criaturas de estos tipos de aberraciones y perversiones.

¿Qué sucedería si lo que ves en pleno siglo XXI fuera diferente? ¿Qué pasaría si lo que estás viendo en el presente ya hubiese sido repetido en el pasado? Lo que quiero decir es que alguna clase de ciclos de la humanidad donde luego que el hombre llegó a lo que él mismo consideraba que era la altitud máxima de su conocimiento o la demostración de su gran soberbia en ciencia y orgullo, de alguna manera terminaron inesperadamente con todas aquellas civilizaciones.

La Biblia y la historia antigua narra sobre grandes

cambios, cataclismos que fueron los juicios de Dios, como ejemplo de ellos el diluvio, la Torre de Babel y la destrucción de Sodoma y Gomorra. Es evidente que todo esto se describe en el libro de Génesis. Fuera de la Biblia también existen antiguas historias de civilizaciones avanzadas que desaparecieron de repente de la tierra. La más famosa de estas es la leyenda de Atlantis, una civilización sumamente avanzada que tenía un conocimiento excepcional de los misterios del universo. Según la descripción de Platón, el famoso filósofo griego, esta civilización fue destruida, nada más y nada menos que por el mar (¿el diluvio?) y la razón, según él, fue por su "arrogancia". Es probable que Atlantis existió como una de las naciones pre-diluvianas y recibió el mismo juicio, juntamente con el resto de la raza humana.

Por otra parte, el libro de Apocalipsis está lleno de símbolos, figuras y revelaciones que dan a conocer una realidad espiritual. Para algunos, el libro mencionado no tiene que ver nada con el presente ya que enmarcan todo su contenido a sucesos antiguos, pensar esto es un error, para otros este contiene profecías enigmáticas futurísticas que impactaran en estos tiempos. Es importante entender que desde el capítulo cuatro al veintidós se refiere a cosas del futuro cuando les fueron mostradas al Apóstol Juan, más para hoy en muchas de ellas en pleno cumplimientos, y muchas otras a punto de cumplirse y finalmente las que se terminarán de cumplir a totalidad en el futuro.

Pautas éticas

Una quimera es una mezcla de dos o más especies en un solo cuerpo. Sin embargo, no todos se consideran preocupantes. Lo que causó el alboroto es la mezcla de las células madre de embriones humanos con animales para crear nuevas especies. "Hay otras maneras de hacer avanzar la medicina y la salud humana, en vez de adentrarnos en un nuevo mundo extraño y difícil de los animales quiméricos", dijo Rifkin, quien agregó que los modelos de computadora sofisticados pueden sustituir a la experimentación con animales vivos. "Uno no tiene que ser religioso o experto en derechos de los animales para pensar que esto no tiene sentido", continuó. "Son los científicos que quieren hacer esto. Han pasado ya por encima del borde en el dominio patológico."

¿Humanos nacidos de padres ratones?

Por ejemplo, un experimento que plantearía problemas, dijo, "es la ingeniería genética de ratones para producir esperma humano y los óvulos, y luego hacer la fertilización in Vitro para producir un niño cuyos padres serian un par de ratones. La mayoría de la gente encontraría esto como problemático."

El año pasado, Canadá aprobó la Ley de Reproducción Humana Asistida, que prohíbe las quimeras. En concreto, se prohíbe la transferencia de una célula no humana en un embrión humano y poner células humanas en un embrión no humano. Cynthia Cohen es un miembro del Comité de Supervisión de Células Madre de Canadá, que supervisa los protocolos de investigación para asegurar que estén de acuerdo con las nuevas directrices. "La creación de quimeras", dijo, "mediante la mezcla de gametos humanos y animales (espermatozoides y óvulos) o la transferencia de células reproductoras, disminuye la dignidad humana."

¿Qué es lo que depara el futuro?

Así se han visto que en muchos aspectos, la sociedad y la condición de la humanidad en estos días es similar a los días de Noé.

¿Qué se va a seguir viendo de lo que sale de los laboratorios en todo el mundo? Si el público pudiera ver lo que se está haciendo, se sentirían impactados y a la misma vez atemorizados. La Biblia advierte y enseña acerca de estas cosas, se mencionan varios acontecimientos proféticos para el tiempo final separados que son cumplimientos evidentes de lo que en parte los humanos están siendo testigos. Es necesario que veas lo que declara en el libro de Apocalipsis y luego lo que también devela el libro del profeta Daniel.

La Desaparición de las Abejas

Las abejas siguen desapareciendo y esto amenaza el sistema de producción agrícola a nivel mundial.

National Geographic News llego a decir: "Sin dejar rastro alguno, algo está causando que las abejas desaparezcan por millares." No sólo desaparecen, sino que lo hacen a un ritmo demasiado acelerado, tal como lo comentó la *BBC* en una de sus publicaciones científicas: "**Las abejas están desapareciendo a un ritmo alarmante.**" Esto sin duda tendrá repercusiones para el hombre a través de la agricultura, como lo publicó en Febrero de 2011 el *Telegraph*: "**El colapso de las abejas amenaza la seguridad alimenticia mundial.**"

Los dirigentes rusos declaran estar más que preocupados por la desaparición manifiesta de abejas. Y lo mismo se reconoce en diversas naciones de Europa. La ingeniería genética se va adueñando cada vez más de la agro-industria sobre la base de semillas transgénicas. La muerte de abejas en grandes cantidades, a causa de enfermedades que en otros tiempos no las afectaban, es un fenómeno que se viene registrando en muchos países. Según advierten los especialistas, esta tendencia amenaza los ecosistemas del planeta y puede generar una crisis alimentaria en el futuro, ya que las abejas mueren dejando las flores sin polinizar y, en consecuencia, cae la productividad de los cultivos.

Las almendras californianas, principal productor mundial, requieren de al menos 2 millones de colmenas para garantizar la producción. Frutas, hortalizas y plantas silvestres necesitan de este proceso; si este no funciona, las frutas secas, las verduras, los aguacates, los kiwis y las almendras no llegarían al supermercado ni a la mesa familiar. Para entender el trabajo de una abeja, podemos decir que para llevar a la colmena una carga de néctar en su buche, debe visitar más de mil flores en un promedio de diez viajes por día lo que, la coloca a la cabeza representando cerca del 85% de la fauna polinizadora de plantas cultivables.

Las abejas juegan un papel vital en la polinización, vale decir, en la fecundación de las flores de plantas y árboles para que luego se transformen en frutos. Sin polinización, no hay fecundación y por ende no hay frutos en la flor que se marchita sin dejar descendencia o semilla.

La consecuencia de esta ausencia de fecundidad se traduce en pérdidas fundamentalmente alimenticias por la falta de frutos a cosechar y en pérdidas económicas para los productores. Las abejas, son aliadas irreemplazables de la producción frutícola, porque al momento de ir en busca del néctar para alimentar las larvas hambrientas de la colmena, transportan en sus cuerpos las substancias que hacen posible la procreación de las especies silvestres y la biodiversidad vegetal.

Lo triste de esto es que las propias abejas ya no son capaces de hacer frente a los parásitos y a los virus como antes lo hacían, debido a que la vecindad del ser humano con industrias de transgénicos, ha empeorado sus habilidades para sobrevivir.

A todos esto se suma que las abejas domésticas enfermas infectan a las abejas salvajes creando así una epidemia. Los científicos declaran que las muertes masivas entre las abejas conducirán a cambios en la tierra, ya que un 80% de todas las flores son polinizadas por insectos. La agricultura europea depende en un 84% de la polinización de los pequeños insectos, y la agricultura mundial en un 70%. La extinción de las abejas conllevaría una catástrofe alimenticia a nivel global. Sin plantas, la fauna que se alimenta de ellas morirá. En pocas palabras, la **cadena alimenticia** se rompe, y aunque mucha gente piense lo contrario, los seres humanos son parte de esa cadena.

Ahora, hay una conexión de este asunto y las profecías bíblicas más interesante: las uvas y olivas no se verán afectados por este despoblamiento, debido a que las uvas se polinizan a sí mismas, mientras que las olivas son polinizadas por el viento. Por lo tanto las profecías del libro del Apocalipsis están en pleno cumplimiento: una hambruna vendrá justo antes del fin del mundo, hambruna que hará perecer todo tipo de plantas, con excepción de las uvas y olivares.

Apocalipsis 6:5-6 RVR60

5 *Cuando abrió el tercer sello, oí al tercer ser viviente, que decía: Ven y mira. Y miré, y he aquí un caballo negro; y el que lo montaba tenía una balanza en la mano.* 6 *Y oí una voz de en medio de los cuatro seres vivientes, que decía: Dos libras de trigo por un denario, y seis libras de cebada por un denario; pero **no dañes el aceite ni el vino.***

¿Será ésta la señal de que el fin de los tiempos no es una simple metáfora como muchos están diciendo sino el cumplimiento de lo que anticipadamente ya Dios habló en forma profética?

El Enjambre de Langostas

En el libro de Apocalipsis se lee acerca de unas criaturas muy extrañas:

Apocalipsis 9:1-11 NTV

1 *Entonces el quinto ángel tocó su trompeta, y vi una estrella que había caído del cielo a la tierra, y a la estrella se le dio la llave del pozo del abismo sin fondo.* 2 *Cuando lo abrió, salió humo como si fuera de un gran horno, y la luz del sol y el aire se oscurecieron debido al humo.*

291

³Entonces del humo salieron langostas y descendieron sobre la tierra, y se les dio poder para picar como escorpiones. ⁴Se les ordenó que no dañaran la hierba ni las plantas ni los árboles, sino solamente a las personas que no tuvieran el sello de Dios en la frente. ⁵Se les ordenó que no las mataran, sino que las torturaran durante cinco meses con un dolor similar al dolor que causa la picadura del escorpión. ⁶Durante esos días, las personas buscarán la muerte, pero no la encontrarán; desearán morir, ¡pero la muerte escapará de ellas! ⁷Las langostas parecían caballos preparados para la batalla. Llevaban lo que parecían coronas de oro sobre la cabeza, y las caras parecían humanas. ⁸Su cabello era como el de una mujer, y tenían dientes como los del león. ⁹Llevaban puestas armaduras de hierro, y sus alas rugían como un ejército de carros de guerra que se apresura a la batalla. ¹⁰Tenían colas que picaban como escorpiones, y durante cinco meses tuvieron el poder para atormentar a la gente. ¹¹Su rey es el ángel del abismo sin fondo; su nombre —el Destructor— en hebreo es Abadón y en griego es Apolión.

Ahora, hay muchos que a lo largo de los siglos han tratado de identificar a las langostas que se mencionan en este escenario de Apocalipsis como muchas cosas diferentes. Algunos los equiparan con los demonios, otros les atribuyen un estatus de los ángeles caídos. Algunos incluso han hecho el supuesto de que estas langostas son realmente helicópteros avanzados de guerra o una especie de invención humana mecanizada, pero si vemos el contexto de lo que dice el pasaje, uno ve que estos seres son seres vivos con atributos extraños. Es bastante fácil de entender. ¿Qué comen las langostas normales cuando arrasan la tierra? Ellas se alimentan de plantas, como pasto y hojas de árboles. Pero las langostas quimeras del Apocalipsis no hacen eso. No tocan ningún tipo de vegetación.

Por lo tanto, es muy dudoso que las langostas del Apocalipsis son langostas comunes, sobre todo, porque estas criaturas son creadas especialmente para atormentar a la humanidad, ya que son una especie de demonio o ser angelical, o es posible que sean una forma mutada de la langosta. Creo que desde que Satanás y los ángeles caídos fueron echados del cielo han tenido una gran cantidad de experiencia en la manipulación genética.

Es de entender que estas criaturas pueden estar poseídas por los demonios cuando hagan su aparición, ya que tienen un rey sobre ellas, y Apolión es el rey del reino demoníaco. Una vez más, se ven los malos jugando con la creación de especies, combinando varios tipos de animales en una criatura infernal dolorosa. Es evidente que todo los escenarios de la profecías bíblicas están en el clímax de su cumplimiento, evidencias que se ven a diario pueden ser han llamadas señales de últimos tiempos.

CAPÍTULO 13

ENTENDIENDO LA GUERRA ESPIRITUAL TECNO-DIMENSIONAL

La ciencia se encuentra al borde de un avance cuántico, uno que traerá en existencia objetos y criaturas que nunca se habían visto antes, con habilidades que no se puede llegar a pensar. El objetivo final de esta nueva ciencia es más que revolucionario, su finalidad es transformar y recrear, por decirlo de alguna forma, a la propia humanidad. Todo comenzó de manera, quizás para la mayoría, normal. Hace varias décadas, los escritos en los periódicos comenzaron a contar la historia de los exitosos experimentos de los científicos con cultivos híbridos. Plantas que crecían más rápidamente y en climas inclementes, resistían las plagas y daban más cosechas por hectárea que lo que se obtenía previamente.

Más tarde, los programas científicos de televisión comenzaron a hablar de la inseminación artificial y la fertilización en vitro, la cual permitió que las parejas no fértiles pudieran experimentar el milagro de la vida.

Un poco después estaban apareciendo historias en internet sobre los anticuerpos monoclonales que prometían curas para enfermedades terribles; de robots que lucían y actuaban como humanos y del misterioso Proyecto Genoma Humano, un proyecto internacional de investigación científica con el objetivo fundamental de determinar la secuencia de pares de bases químicas que componen el ADN e identificar y cartografiar los aproximadamente veinticinco mil a treinta mil genes del genoma humano desde un punto de vista físico y funcional. De hecho, la tecnología más impactante de este momento es la propia internet, un medio que conecta a las personas en todo el mundo, no sólo unos con otros, sino también con un inconcebible depósito de conocimiento e información.

El mundo entero está siendo testigo de todos estos avances y con asombro la mayoría quedan asombrados de las maravillas de la tecnología del siglo XXI. Hoy, después que ya transcurrió la primera década del siglo XXI, la humanidad se ve asediada, literalmente acosada, por los rumores de las cosas venideras, historias que más bien parecen ciencia ficción. Hoy algunos ya han oído hablar de los diminutos robots nanotecnológicos que vuelan como insectos y son capaces de desplazarse a través de cualquier cuerpo, distribuyendo medicina y destruyendo las células cancerosas.

De drogas que hacen a los soldados más fuertes, que los capacitan para pelear por días sin necesidad de alimentos, ni descanso hasta almacenes inteligentes que mantienen un registro y automáticamente hacen sus propios inventarios. De animales en los que hacen crecer órganos que luego pueden ser trasplantados en seres humanos a animales que fotosintetizan su propio alimento. Todo esto recuerda las películas de ciencia ficción que se han venido proyectando en las dos últimas décadas. Hay computadoras que literalmente son inteligentes, armas súper sofisticadas de rayo láser, súper antibióticos para combatir a los microbios resistentes a los antibióticos regulares, humanos biónicos, robots que se asemejan a los seres humanos y anticipan las necesidades, alimentos sintéticos y hasta personas que no necesitan dormir.

También existe una bóveda global de semillas en el Círculo Polar Ártico en la que se encuentran 250 millones de diversas semillas procedentes de un centenar de países del mundo, las que representan la diversidad de semillas alimenticias que pueden encontrarse en todo el mundo. Esta Bóveda se encuentra en Svalbard, Noruega y es una especia de Arca de Noé a 800 millas de distancia del polo norte. La semillas se preservan con el material genérico de las plantas en el case de un posible evento cataclísmico. Esto, sin duda, genera preocupación. Otras empresas están realizando lo mismo en otros lugares como los bancos genéticos en China, Rusia, Alemania, Canadá y demás países. Hoy en día, se han unido fuerzas para promover la expansión de los alimentos genéticamente modificados en África y en distintas partes del mundo. Una de las posibilidades trágicas es que se ejecute un plan de control de población a través de alimentos genéricamente modificados, preservando los alimentos no modificados para la élite.

Sin embargo, al reflexionar en todo esto, trae también a la memoria las películas de horror como las de asesinos que más bien parecen zombis y que persiguen inexorablemente a sus víctimas sin ninguna emoción. De la realidad de que en gran parte de muchas naciones desarrolladas las personas ya están siendo monitoreadas en una base diaria. De drogas psicoactivas que permiten que quienes las usen realicen viajes fuera del cuerpo y de encuentros con espíritus guías.

Todos los seres humanos de una u otra manera están siendo demarcados por una división cultural, un paso gigantesco que dividirá a la humanidad: la ingeniería genética. De un lado vemos a esos que están preocupados porque la humanidad está jugando a ser Dios y quienes temen las consecuencias. Por el otro están esos que insisten que si se puede hacer, se debe hacer. Ellos ven todo esto como el potencial para que los seres humanos tengan nuevas habilidades: más fortaleza física, aumento de la inteligencia, la capacidad para ver y oír cosas que los demás no pueden, leer las mentes de los semejantes y vivir cientos de años. Para ellos no deben haber fronteras.

La ingeniería genética y muchas otras ciencias con implicaciones bioéticas son hoy motivo de debate alrededor del mundo, algunas veces en forma callada y otras en voz alta y hasta en forma violenta. Ahora, ¿qué actitudes, como cristianos, debemos de tener en medio de todo esto¿ ¿Qué lugar deberíamos de ocupar en todo lo que se viene desarrollando en forma imparable?

Estamos seguros que sólo Dios puede crear la vida. Al mismo tiempo, se sabe que la humanidad por largo tiempo ha estado trabajando en el cultivo y crianza selectiva de plantas y animales, lo cual ha avanzado aparentemente muy bien, aunque si te detienes a pensar, llama la atención de que a pesar de todos estos maravillosos avances, la incidencia de enfermedades como el cáncer, la diabetes, los problemas del corazón, sólo para mencionar unas pocas, en lugar de haber disminuido han aumentado en una forma alarmante. En Marzo del 2014, salió un reporte en CNN que el cáncer se convertirá en la causa de más muertes en los Estados Unidos. ¿Te has puesto alguna vez a pensar por qué? ¿Tendrán algo que ver los alimentos híbridos o transgénicos que se ingieren en una base diaria? ¿Están esas nuevas ciencias realmente creando algo? ¿Hasta cuándo dejarán los hombres de construir máquinas que piensen por ellos?

¿Quieres hacer una prueba, de la forma negativa cómo ha afectado toda esta nueva ciencia, a la juventud? Sólo pídale a un joven alumno de clase superior que te estime un porcentaje sin necesidad de usar una calculadora y verás que es incapaz de hacerlo.

¿En qué momento debes trazar esa línea? ¿Has oído hablar alguna vez acerca de un ataque de pulso magnético? Los expertos en Estados Unidos en seguridad nacional le llaman la *mega amenaza*, pero tal vez no sabes exactamente de qué se trata. No obstante, muchos en el mundo están muy bien enterados del potencial destructor de un ataque con pulso electromagnético. En varias películas de Hollywood, han presentado escenarios ficticios en los cuales se ha usado el pulso electromagnético. Por ejemplo, en la *Guerra de los Mundos*, las fuerzas extraterrestres invasoras lo emplearon para dañar toda la infraestructura de las defensas de la tierra. Y los héroes en *El Matrix* hicieron uso de él para incapacitar a los robots contra las cuales ellos batallan.

El pulso electromagnético es el efecto secundario de una explosión atómica. Cuando se han llevado a cabo pruebas nucleares, se ha notado que tras la explosión han quedado inutilizados todos los aparatos eléctricos dentro de un cierto radio de acción. Cuando los ingenieros advirtieron este fenómeno se dieron prisa en desarrollar artefactos que maximizaran dicho efecto. Una bomba de pulso electromagnético detonada en el aire, cerca de fuerzas enemigas dejaría todas sus defensas y contramedidas en tierra, inmovilizadas.

Este tipo de ataque de pulso electromagnético masivo ejecutado mediante la detonación de un arma nuclear a gran altitud, lejos de la atmósfera terrestre, también se conoce como Bomba de Arco Iris. Sería capaz de cubrir medio continente, causando un completo caos civil y militar en el área alcanzada, por la privación de servicios esenciales, tales como la electricidad, agua potable, distribución de alimentos y comunicaciones durante un tiempo indefinido. Se considera que un ataque de estas características constituiría el compás de apertura de la guerra nuclear, pues sus efectos instantáneos dificultarían o paralizarían cualquier tipo de defensa contra un ataque inminente.

Frank Gaffney, presidente del Centro de Política para Seguridad, una agencia conservadora de investigación especial en Washington DC, dijo: "*El pulso electromagnético es un efecto de las armas nucleares que ha sido conocido por largo tiempo.*" Su nuevo libro en inglés se titula *Guerra establecida: Diez pasos que se debe dar para prevalecer en la guerra por el mundo libre.* El libro dedica un capítulo entero a la amenaza del pulso electromagnético. Y dice: "*El pulso impacta las redes eléctricas de Estados Unidos, los artefactos electrónicos, las computadoras, los chips de varias clases, todas las cosas, en otras palabras todo el poder de nuestra sociedad quedará severamente dañado, si acaso no destruido.*"

Este es el gran peligro adicional que traen consigo todos estos avances, que mientras por un lado expanden el conocimiento, por el otro anulan la capacidad natural del ser humano para pensar por sí mismo y estimular su inteligencia. De tal manera que para nada importa lo que los cristianos puedan pensar de esta ciencia futura y de sus resultados. Pero... ¿Cómo debe el cristiano reaccionar? ¿Cómo debe defenderse a sí mismo y a sus seres queridos? La respuesta es hacer las mismas cosas que siempre se han hecho, pero para hacerle frente a los obstáculos que el mundo ha puesto delante de nosotros, aconsejamos estas cosas:

1. Aumenta tu conocimiento, aprende sobre la naturaleza y extensión de esta nueva ciencia, a saber, cómo se manifiesta, cuáles son las personas y las organizaciones involucradas en ella, el vocabulario que usan, y dónde puede documentarse al respecto.

2. Instrúyete sobre lo que la Palabra de Dios tiene que decir al respecto. Lo primero que debes entender es que al Dios a quien sirves lo domina todo, cualquier cosa que encuentres en tu vida. Pronto te darás cuenta que la Biblia anticipa todo lo que está ocurriendo y te dice exactamente cómo debes tratar con lo que estas enfrentando.

3. Aprende cómo identificar los frutos de estas nuevas ciencias, y cómo dar los pasos apropiados para no ser afectado por las mismas. Algo de lo cual tienes que entender de toda esta *nueva ciencia* tiene un lado muy tenebroso y sin duda alguna es inspirada por una visión igualmente tenebrosa para el futuro de la humanidad.

Es importante discernir de cuáles son las fuerzas que operan detrás de todo lo que está ocurriendo en tu alrededor. El objetivo de entender la guerra espiritual en este tiempo es que puedas ser sabio para utilizar esas armas espirituales efectivas que te provee la Palabra de Dios. La victoria puede ser tuya una vez te decidas entender estos asuntos y a comprometerte en fiel y continua búsqueda en la presencia de Dios. Es sumamente preocupante experimentar temor por lo que depara el futuro, sin embargo es un error tomar este tema a la ligera o arrogantemente. Debes tener bien presente las palabras de la siguiente escritura:

Efesios 6:12-18 RVR60

12 *Porque no tenemos lucha contra sangre y carne, sino contra principados, contra potestades, contra los gobernadores de las tinieblas de este siglo, contra huestes espirituales de maldad en las regiones celestes.* 13 *Por tanto, tomad toda la armadura de Dios, para que podáis resistir en el día malo, y habiendo acabado todo, estar firmes.* 14 *Estad, pues, firmes, ceñidos vuestros lomos con la verdad, y vestidos con la coraza de justicia,* 15 *y calzados los pies con el apresto del evangelio de la paz.* 16 *Sobre todo, tomad el escudo de la fe, con que podáis apagar todos los dardos de fuego del maligno.* 17 *Y tomad el yelmo de la salvación, y la espada del Espíritu, que es la palabra de Dios;* 18 *orando*

en todo tiempo con toda oración y súplica en el Espíritu, y velando en ello con toda perseverancia y súplica por todos los santos.

La Transformación de los Humanos

Los avances tecnológicos están empujando las fronteras de la humanidad hacia una transformación que promete que en el futuro cercano se redefinirá lo que significa ser humano. El transhumanismo está siendo aceptado cada vez, la combinación de la genética, robótica, inteligencia artificial y la nanotecnología, como instrumentos que rediseñarán radicalmente las mentes, las memorias, fisiología, descendencia, *la promesa y el peligro de mejorar, los cuerpos y lo que significa el ser humano.*

El cambio tecnológico, cultural y metafísico que se está gestando anticipa un futuro dominado por nuevas especies de seres humanos superiores e irreconocibles. El plan del reino de la tinieblas para este tiempo no sólo es alterar el cuerpo y vida del ser humano, sino que todo esto abrirán puerta de legalidad en las infraestructuras demoniacas para atar más a las personas que viven lejos de Dios.

Es evidente después de analizar este tema que no cabe ninguna duda de entender, que el origen de los dioses, y de la raza humana, tal como se conoce hoy, es el resultado directo de la actividad extraterrestre, siendo la verdadera realidad los agentes de las tinieblas e inmundo operando tras bastidores engañando y degradando a la humanidad.

Como resultado de todo lo que está ocurriendo, se espera que nuevas formas de percepción entre las cosas visibles e invisibles desafíen la fe de las personas en muchas formas que son histórica y teológicamente sin precedente. Sin comprender lo que se está aproximando en la investigación y la biotecnología, los creyentes necesitan saber el alcance de todo esto, porque el destino de cada uno y de sus familias podría depender de la forma del conocimiento que tengan respecto a este nuevo cambio. Tal como estamos tratando de explicar, el poder detrás de todo este escenario es fusionar al ser humano con los animales y las máquinas, a fin de recrear a la humanidad. A la fuerza malévola detrás de todo esto, en este siglo XXI, se le llama progreso, el paso siguiente necesario en la evolución humana.

Estas siendo enfrentado hoy con máquinas que tienen atributos que algunos consideran *casi como divinos*, y la determinación que tienen los hombres para cruzar no sólo la barrera de las especies, sino esas otras extra-dimensionales puestas por Dios, los métodos tradicionales para enfrentar la guerra espiritual, en los cuales ha confiado el cristianismo, se verán impactados en este siglo.

Si tú, como millones de otros alrededor del mundo, recientemente te has despertado con el presentimiento de que algo se está gestando en este planeta, entonces presta atención a esta información. Si crees que lo que está ocurriendo es tanto físico como espiritual, mas no sabes cómo solucionar el enigma que se agita debajo de la superficie, de las naciones, tienes que discernir el significado detrás de la enfurecida confusión que involucra la naturaleza, la sociedad y las diferentes estructuras del Nuevo Orden de Gobierno Mundial. Es muy importante que puedas entender lo siguiente:

Lo que se ha estado preparando por miles de años está próximo a desvelarse a toda la humanidad. Las manecillas del reloj siguen avanzando y están más cerca de la medianoche de lo que puedes llegar a pensar.
En el Antiguo Testamento los demonios son vistos como la dinámica activa detrás de la idolatría, más en el Nuevo Testamento cada libro se refiere a la influencia de ellos en diferentes áreas y rangos. Los demonios desempeñan un plan muy amplio en la sociedad de la información de los días presentes, lo cual incluye no sólo controlar o influenciar individuos y pequeños grupos, sino instituciones y gobiernos. Mientras el dominio de estas entidades y sus metas son frecuentemente pasadas por alto, la colaboración estrecha entre estos seres malvados y los arquitectos sociales no regenerados operan en una base regular fuera del alcance de las incontables multitudes que

están ciegas a su realidad.

Detrás de los gobernadores, legisladores e incluso líderes religiosos famosos, estas perversas huestes espirituales se mueven sin restricciones, controlando la maquinaria de los sistemas de gobiernos, y eclesiásticos libremente. Sin embargo, no sólo es posible avanzar, sino triunfar sobre todos estos retos que se presentan en esta época. Los verdaderos y genuinos cristianos prevalecerán con el conocimiento debido de todo aquello que se está gestando, junto con las tecnologías. Esto los capacitará para usar debidamente la armadura de Dios detallada en la Epístola a los Efesios y convirtiéndose en más que vencedores en el nombre que sobre todo nombre: Jesucristo Señor y Salvador único y eterno.

El Ejército Tecno-Dimensional del Armagedón

Joel 2:1-11 NTV

1 *¡Toquen alarma en Jerusalén![a]*
¡Den el grito de guerra en mi monte santo!
Que todos tiemblen de miedo
porque está cerca el día del Señor.
2 *Es un día de oscuridad y penumbra,*
un día de nubes densas y sombras profundas.
De repente, como el amanecer se extiende
sobre las montañas,
aparece un ejército grande y poderoso.
Nunca antes se había visto algo semejante,
ni volverá a verse jamás.

³ *Fuego va delante del ejército*
 y las llamas detrás.
Delante de ellos, la tierra se extiende
 tan hermosa como el jardín del Edén.
Detrás sólo queda desolación;
 nada escapa.
⁴ *Parecen caballos;*
 van a la carga como caballos de guerra.[b]
⁵ *Mírenlos saltar a lo largo de las cumbres.*
 Escuchen el estruendo que producen, como el retumbar de carros de guerra,
 como el rugir del fuego que arrasa los campos de hierba seca
 o el despliegue de un poderoso ejército en batalla.
⁶ *El miedo se apodera de la gente;*
 cada rostro palidece de terror.
⁷ *Los agresores marchan como guerreros*
 y escalan los muros de la ciudad como soldados.
Marchan hacia adelante,
 sin romper filas.
⁸ *No se empujan unos a otros;*
 cada uno se mueve en la posición exacta.
Atraviesan las líneas de defensa
 sin perder la formación.
⁹ *Irrumpen en la ciudad,*
 corren a lo largo de sus muros.
Se meten en todas las casas;
 como ladrones trepan por las ventanas.
¹⁰ *La tierra tiembla mientras avanzan*
 y los cielos se estremecen.
El sol y la luna se oscurecen
 y las estrellas dejan de brillar.

11 El Señor va a la cabeza de la columna;
con un grito los guía.
Este es su ejército poderoso
y ellos siguen sus órdenes.
El día del Señor es algo imponente y pavoroso.
¿Quién lo podrá sobrevivir?

Es de entender que este ejército de la cual se menciona aquí se refiere a las fuerza hostiles que proféticamente se prepararán para hacer guerra al que desciende montado sobre el caballo blanco y su gran ejército de santos, tal como lo indican los siguientes textos:

Apocalipsis 16:14 NTV

Éstos son espíritus de demonios que hacen milagros y salen a reunir a todos los gobernantes del mundo para pelear contra el Señor en la batalla del gran día del juicio de Dios, el Todopoderoso.

Apocalipsis 17:14 NTV

Irán juntos a la guerra contra el Cordero, pero el Cordero los derrotará porque él es el Señor de todos los señores y el Rey de todos los reyes. Y los que él ha llamado y elegido y le son fieles, estarán con él».

Apocalipsis 19:19 NTV

Después vi a la bestia y a los reyes del mundo y sus ejércitos, todos reunidos para luchar contra el que está sentado en el caballo y contra su ejército.

De acuerdo a esta profecía de Joel, indica que

este ejército se extenderá sobre las montañas extendiéndose sobre todo el territorio de Israel, grande y poderoso, uno cual nunca se ha visto ni volverá a verse jamás. Es importante describir las características de este ejército imponente. El verso 3 nos indica que a medida que avanzan destruirán todo lo que produce la tierra: cosechas, alimentos y recursos. El verso 4 nos indica la fuerza y rapidez, habilidades inusuales que poseen estos súper soldados. En el verso 5 vemos habilidades súper-humanas. En el verso 6 indica que propagan el espanto, temor, miedo y pánico. El Verso 7 muestra habilidades y destrezas para acciones cual nunca se habían visto en un soldado. Verso 8: nunca se vio, como le describe este verso, un ejército atravesando las líneas de defensa sin perder la formación cayendo sobre sus armas sin herirse o recuperarse rápidamente. Verso 9: no están para defender a nadie, sino que violan los derechos, no respetan ningún principio de vida, asaltan los muros y entran en las casas por las ventanas como ladrones.

Es evidente que todo esto mencionado por la profecía proyecta sin lugar a dudas, cuando el Anticristo reúna a todas sus tropas, no para pelear nación contra nación, sino que ellos se reunirán para hacer guerra al que está sentado sobre el caballo blanco, que es el Cristo glorificado del Apocalipsis en su venida visible a la tierra. Es de notar que hoy, más que nunca, la influencia y la habilidad que los científicos están teniendo para construir armas cual nunca han existido para ser utilizadas en esta gran confrontación es dirigida por las fuerzas de las tinieblas. Las armas que hoy en día se están fabricando se denominan como armas de defensa planetaria.

Esto hace referencia que estas armas físicamente van a estar en la tierra y estarán apuntando hacia arriba con el fin de destruir a Cristo y su ejército mientras que Él desciende a la tierra. Para ocultar sus verdades intenciones, han estado acondicionando a la humanidad a la posibilidad de que una raza alienígena nos pueda, en un futuro, invadir y esa es la mentira que ellos usan como pretexto para crear estas armas, las cuales están hechas bajo una combinación de instigación oculta de poderes de tinieblas llamadas armas tridimensionales, las cuales pueden afectar, según ellos, no solo la dimensión natural sino la dimensión espiritual (4arta dimensión). Los expertos de armas que trabajan en los departamentos de defensas están planeando hacia el futuro y dijeron que tenían que hacer un ejército Global, escribiendo un libro que se llama "Sistemas de Armas para la Defensa Planetaria". Lo especialistas están elaborando la manera de hacer armas de hacer armas que serían usadas en caso de que algo viniera desde el espacio o un portal. Ellos hablan sobre tecnologías de láser, nuevos tipos de armas de haz de partículas, cañones de iones y de plasma, el *rail gun* y otros. Los científicos comienzan a diseñar una mejora del cañón de plasma para intentar hacer frente a las todopoderosas Estrellas de la Muerte del momento.

Recordemos que la idea de combinar armas físicas con lo oculto no es nuevo. Los científicos Nazis ya estaban trabajando en prototipos de armas tecno-dimensionales en los años de la Segunda Guerra Mundial. Es interesante que aunque los Nazis fueron vencidos en el 1945, varios de estos científicos fueron extraídos a Rusia, El Reino Unido y Estados Unidos después de la guerra, en donde siguieron trabajando con éstas tecnologías.

El Ministerio de Defensa del Reino Unido anunció su intención de entrenar en un futuro relativamente próximo a los soldados universales con súper poderes y capacidades mentales avanzadas incluyendo la telepatía según publicó el diario *Daily Mail*. Centrándose en la investigación del cuerpo humano y las características del celebro, los militares británicos concluyeron que dentro de uno años, el ejército ya podría contar con soldados del futuro para que fueran capazas de levantar grandes pesos, correr grandes distancias a alta velocidad, tener visión nocturna a base de infrarrojos por medio de un chip integrado en su celebro e incluyo transmitir pensamientos mediante la telepatía electrónicamente generada.

Estos avances en la tecnología médica están permitiendo crear una clase de soldados genéticamente avanzados, la que los permitirá llevar cargas de gran tonelaje con el mínimo esfuerzo con un equipo ultra-ligero, altamente móvil, ajustándose a la parte exterior del cuerpo con sus propias piernas de titanio que transfieren el peso de cualquier carga al suelo. Estos prototipos de estos aparatos ya se están probando en condiciones de combate en Afganistán. Por otra parte, es importante observar la concepción de la súper- sangre que también será transferida a sus cuerpos ya que los médicos llevan mucho tiempo en la elaboración de sangre artificial que se puedo almacenar durante meses o años y donar a cualquier paciente. Éstos científicos químicos crearon una sangre plástica que imitan a las células rojas de la sangre y pueden ser colocadas en el 98% de los pacientes.

Por otra parte, el ejército de Rusia ya ha mencionado que tendrá un equipo de soldados del futuro en los próximos tres años. Alemania prepara sus soldados del futuro para ser parte de un ejército universal. Estados Unidos ya está preparando los súper-soldados que serán transhumanos genéticamente modificados. El "Programa de Conversación Silenciosas" de DARPA ha estado explorando la tecnología de lectura de la mente con dispositivos que pueden detectar la señales eléctricas dentro del cerebro de los soldados y enviarlas a través del internet. Con implantes de chips, ejércitos enteros podrán hablar sin radios. Lar órdenes van directamente a la mente de los soldados y los deseos de los comandantes se convertirán en los deseos de sus hombres. El futuro de la guerra parece que será sumamente extraño. Los avances tecnológicos para crear súper-soldados está trabajando en éstos momentos y esto no se parece a nada que hayamos visto antes. Esta es la razón por qué muchos que van siendo condicionados mentalmente acuden en masas a ver películas de superhéroes y mutantes que lucharán sus guerras por ellos lo cual llegará a ser una realidad.

Alternativos.cl publicó hace poco el siguiente artículo:

Súpersoldados del futuro

Investigadores del Ejército de EEUU trabajan para desarrollar una armadura de alta tecnología que daría a los soldados "fuerza sobrehumana", al más puro estilo de las películas de acción *Iron Man*. Este tipo de armadura avanzada, llamado **'Tactical Assault Light Operator Suit'** (Talos), será un exoesqueleto de protección avanzada que permitirá al soldado llevar equipo pesado y un potente ordenador, así como un sistema de monitorización de los signos vitales.

"Algunas de las tecnologías consideradas para Talos incluyen una armadura avanzada, equipos que permitan que el soldado sepa dónde está en todo momento en el campo de batalla y comunicarse con el comando, y un sistema de suministro de energía y esqueleto externo altamente móvil".

Esta futura armadura de combate **también podría**

utilizar una forma de "blindaje líquido", esta tecnología todavía está en sus primeras etapas de desarrollo, afirmó Teel.

Se trata de la posible utilización de un líquido que se convierte en sólido con una carga magnética o eléctrica, de acuerdo con el proyecto desarrollado por científicos del Instituto de Tecnología de Massachusetts (MIT).

Hombres-máquina para el combate:
Este proyecto forma parte de una tendencia de la investigación se centra en la interfaz hombre-máquina para multiplicar las capacidades de cada soldado.

Otro artículo publicado en *RT.com*:

<u>Reino Unido prepara el ejército paranormal del ANTICRISTO? los súpersoldados con telepatía y poderes paranormales son una realidad.</u>

Hoy nos encontramos con una noticia que cobra mucho sentido si se tiene en cuenta las advertencias apocalípticas para los últimos tiempos, en que se nos habla de un ser capaz de realizar proezas de tipo paranormal, y con cuyo ejército matará a los santos. En todo caso esta noticia de una alerta de lo que se sigue preparando para los tiempos futuros. Según el Reino Unido está preparando una serie de soldados con capacidades telepáticas, fuerza sobrehumana y súper-poderes...

Personalmente me atrevería a decir que tal vez no se trate de soldados normales, es decir... que no sean humanos sino retoños *nefilím* como los que menciona el génesis, los hijos de los ángeles caídos que realizaban proezas imposibles para los humanos corrientes. Si tenemos en cuenta la conexión de este ejército con el mejor candidato para ser el anticristo, creo que va con la corriente de la teoría conspirativa. ¿Por qué se toman el tiempo, el dinero y el derecho de "fabricar soldados" para la guerra y para acabar con la vida? Es evidente que se está en guerra por la mente de una generación y el alma de la raza humana. Miles de millones de dólares están en juego con las corporaciones e individuos poderosos que buscan lograr un mundo futuro post humano.

La guerras del futuro no se parecerán en nada a las guerras del pasado. Los soldados genéticamente modificados del futuro serán apoyados por robots en tierra y enjambre de drones en el cielo. Es importante que entiendas que la mayoría de las técnicas de modificación genética implica la colocación de ADN modificado genéticamente dentro de un virus el cual es inyectado en el cuerpo de un humano. Este entra en la células humanas y el ADN modificado se une al ADN humano. Cuando tú te detienes en pensar en estos tipos de tecnologías, las implicaciones son enormes. ¿Podrían los virus ser utilizados para modificar genéticamente a toda la humanidad a gran escala? ¿Cómo respondería el resto de la humanidad a una "súper raza" de los mutantes que son claramente "superiores" al resto de los demás?

Queremos compartir contigo este comentario del Profeta Russ Dizdar acerca de este mismo tema:

Salmo 2:1-3 *NTV*

¹ ¿Por qué se enojan tanto las naciones? ¿Por qué pierden el tiempo haciendo planes inútiles? ² Los reyes de la tierra se preparan para la batalla, los gobernantes conspiran juntos en contra del Señor
y en contra de su ungido. ³ «¡Rompamos las cadenas!
—gritan—, ¡y liberémonos de ser esclavos de Dios!».

Los reyes de la tierra se van a parar contra Dios y Jesucristo. Desde hace tres mil años, Dios está lidiando con lo que ellos quieren hacer en el futuro. El Apocalipsis habla del falso profeta, es un término en el original griego, que habla de una bestia, que no es humano, probablemente es una mezcla, algo que es contra el Cristo verdadero.

Apocalipsis 19:19 *NTV*

"Entonces vi a la bestia"...

Por un momento piensa acerca de las cientos de profecías que hablan de Cristo y Su venida y están listas para cumplirse:

1 Pedro 1:10-11 *NTV*

¹⁰ Incluso los profetas quisieron saber más cuando profetizaron acerca de esta salvación inmerecida que estaba preparada para ustedes. ¹¹ Se preguntaban a qué tiempo y en qué circunstancias se refería el Espíritu de Cristo, que estaba en ellos, cuando les dijo de antemano sobre los sufrimientos de Cristo y de la inmensa gloria que después vendría.

La mayoría de las profecías del Nuevo Testamento es Dios dando entendimiento para que veas cómo va a ser el desarrollo de las tinieblas (los falsos profetas, la imagen de la bestia, la marca, el control y demás) hay mucha revelación en la Biblia ya que da revelación clara y contundente de como las tinieblas se han ido desarrollando.

Estamos en el borde del fin, y las cosas que estamos viendo, es simplemente un poco de lo que va a venir en los próximos años. Estamos leyendo lo que va a ocurrir en la historia del futuro. Olvídate de las películas que han hecho de Armagedón, eso es mentira, la verdad es que Dios es el dueño, y Él es el que va a dirigir lo que va a pasar ese día. Armagedón es un lugar de oscuridad; pensemos que esto es lo que vio Juan ocurrirá en un periodo de siete años.

Apocalipsis 19:19 NTV
Después vi a la bestia y a los reyes del mundo y sus ejércitos, todos reunidos para luchar contra el que está sentado en el caballo y contra su ejército.

Aquí dice que ellos se juntaron para pelear contra el que está en el caballo blanco. De repente Jesucristo desciende del cielo como Rey de Reyes y Señor de señores. La misma presencia visible de Cristo viene y lo romperá todo, para dar a luz algo que no es destructible: Si tú tienes el Espíritu de Dios viviendo en ti, eso te dará garantía de la venida del Señor.

Pero antes que eso suceda, y que vean al Rey de Reyes, se estará formando en la tierra el sistema militar más grande del mundo. Yo me hice esta pregunta... como el anticristo supo el día que va a descender Cristo?, como el coordino esto?

Si usted quiere hablar de guerra espiritual yo te puedo hablar de demonización, y de cómo ellos le tienen terror al Nombre de Jesús, ellos saben quién es Cristo. Los demonios si saben que Jesús es Dios y es el Salvador de la humanidad. Él es la autoridad y que Su Sangre significa todo y la Cruz les ha traído una derrota eterna. Ellos saben que viene un juicio, tu puedes leer Apocalipsis 12 donde habla que *el tiempo del diablo esta corto.* Hay una razón para eso:

Apocalipsis 20:1-3 NTV
Luego vi a un ángel que bajaba del cielo con la llave del abismo sin fondo y una pesada cadena en la mano. ² Sujetó con fuerza al dragón —la serpiente antigua, quien es el diablo, Satanás— y lo encadenó por mil años. ³ El ángel lo lanzó al abismo sin fondo y lo encerró con llave para que Satanás no pudiera engañar más a las naciones hasta que se cumplieran los mil años. Pasado ese tiempo, debe ser soltado por un poco de tiempo.

Armagedón se trata del tercer intento de parar y frenar a Dios. Es todo acerca de eso, la evolución y culminación de las tinieblas; no es el anticristo, no es el falso profeta ni el fin del mundo, esto son solo las plataformas hacia el fin. Armagedón es el conflicto militar elaborado por satanás. Es el último fin, es la última agenda.

Armagedón Va a ocurrir por la larga conspiración, la unión. Vemos que en Apocalipsis 19:19 se unen los reyes. Armagedón es la cocina del infierno. es cuando ellos se sientan y deciden sobre la situación mundial. Armagedón es destrucción final.

Armagedón es acerca de lo que las tinieblas están tramando para preparar un súper ejército que quiere llegar a ser inmortal. Hace menos de un año yo estaba en Nueva York, en una conferencia, escuchando de transhumanismo, genética y ciencia. Ellos hablaron de una inmortalidad tecnológica, y junto a ellos habían gurús rusos mostrando videos de como descendían sus maestros, sus dioses ancestrales *nefilim*, ellos decían que sus *nefilim* o dioses van a descender y van a evolucionar a los hombres a dioses. Esto era como si génesis 6 se manifestara en esa conferencia, donde habían científicos, físicos, transhumanistas y gurús que decían que hablaban inspirados por sus dioses antiguos. Hablaban de la física de la inmortalidad.

Armagedón es la real y más grande agenda militar que se conozca en la historia de la humanidad. El diablo y sus demonios conocen el final. El anticristo ya está preparándose en algún lugar, y el falso profeta por su parte, se está preparando en algún lugar de las partes subterráneas (Apocalipsis 13). Todo lo que va a resurgir será de la nada, de un momento a otro. Él va a pre existir, es decir, que ya existió y se va a manifestar antes que haya un colapso total. Ese sistema que va a venir será completamente diabólico y perverso. Daniel vio una bestia, Dios le dio esa revelación a él, mostrando una bestia que tenía un cuerno y hablaba con una boca, palabras convincentes. En algún lugar de la tierra, él está esperando en silencio.

Armagedón es militarista, todo el armamento y la fuerza militar se va a reunir con todo el poder y la fuerza que haya existido y en este momento ya se está preparando todo con súper soldados, súper armas, súper tecnología, 100 millones de demonios en una nación. Hay armamentos que todavía nadie sabe que existe. Ellos quieren dirigir esta guerra para romper algo en el cielo y llegar hasta *"El que está montado en el caballo blanco"*...

Él se pregunta cómo se va a controlar tantas personas, miles están oyendo voces en su cabeza, porque? Los militares están queriendo transformar las armas con energía satánica. La oscuridad que va a venir sobre la humanidad, pronto va a surgir y el derramamiento de sangre va a comenzar.

Esta palabra profética es para traer un despertar sobre la gente, pues viene una destrucción sobre el mundo. La humanidad va a estar sobre una situación que nunca ha vivido antes. Va a ser tan terrible que nadie se podrá imaginar lo que van a ocasionar contra la humanidad. Lo que paso con los Nazis será como un pequeño rasguño en comparación con lo que va a venir.

Russ Dizdar
www.shatterthedarkness.net

El Poder del Nombre de Jesús

Filipenses 2:9-11 RVR60

⁹ *Por lo cual Dios también le exaltó hasta lo sumo, y le dio un nombre que es sobre todo nombre,* ¹⁰ *para que en el nombre de Jesús se doble toda rodilla de los que están en los cielos, y en la tierra, y debajo de la tierra;* ¹¹ *y toda lengua*

confiese que Jesucristo es el Señor, para gloria de Dios Padre.

Hay un sin número de testimonios de personas que han sido testigos del poder del nombre de Jesús. En situaciones de "abducciones alienígenas"(seres inmundos-demonios) ha habido gente que han reprendido a los supuestos "extraterrestres" en el nombre de Jesús.

En todos los casos en que ha sido mencionado este nombre más poderoso, en frente de estos "alienígenas", estos han salido huyendo. Hay testimonios de personas que no pudieron ser tomadas por estos seres por recurrir a Jesucristo. Es interesante notar que las personas que se han enfrentado cara a cara con estas criaturas (siendo las más comunes los humanoides bajitos con piel gris y ojos negros grandes ovulados) han notado que huelen a azufre. Esto nos da una idea de donde vienen y en donde habitan.

Los mensajes que estos "extraterrestres" traen a la tierra siempre van de y en acuerdo con las teorías de todas las religiones, mayormente la Nueva Era, y siempre rechazan a Jesucristo. ¿Por qué? Porque solo mencionar su nombre los estremecen. El nombre Jesús es supremo tanto en este mundo físico como en el mundo espiritual.

¿Y qué si en el futuro cercano te tienes que enfrentar cara a cara con un ser de éstos o una quimera, híbrido, nefilita o cualquier otra monstruosidad? Jesús es supremo sobre todo y todo debe someterse al poder de su nombre. Cuando Daniel se enfrentó a leones hambrientos no lo pudieron tocar, esto en un tiempo cuando el poder de Jesucristo no había todavía sido revelado a la tierra. Si entiendes que todo lo que se mueve detrás de esto son las fuerzas de la tinieblas puedes estar completamente seguro y confiado que en el nombre de Jesucristo triunfarás frente a cualquier situación que fuera.

Es preocupante ver en todo el mundo a tantos miles de cristianos ser impedido por el miedo y el pánico al verse impotentes y débiles frente a un adversario hostil y sutil. Son millones que solo están dando énfasis a lo que es solo la supervivencia, la comida, las inversiones y demás detalles de la vida natural y transitoria, haciendo caso omiso de la más poderosas armas espirituales que Dios ha otorgado aquellos que están dispuesto a obedecerle y someterse a su voluntad, desconocer este principio seria caer en una condición fatal.

Dios ha dado a su pueblo poderosas armas espirituales, las armas que tienen el poder para derrotar a cualquier invasión. Pero el problema es que muchos cristianos se han puesto bajo una influencia de manipulación y control de fortaleza opresoras en las mentes.

Muchos no son conscientes del poder que hay al utilizar las armas espirituales que Dios ha establecido por medio de su propia palabra. La atención debería centrarse en el poder de Dios. El Apóstol Pablo nos enseña específicamente en Efesios 6 sobre el uso de esta guerra, a nivel personal, familiar, regional, nacional y global.

Efesios 6:12-18 RVR60

12 Porque no tenemos lucha contra sangre y carne, sino contra principados, contra potestades, contra los gobernadores de las tinieblas de este siglo, contra huestes espirituales de maldad en las regiones celestes. 13 Por tanto, tomad toda la armadura de Dios, para que podáis resistir en el día malo, y habiendo acabado todo, estar firmes. 14 Estad, pues, firmes, ceñidos vuestros lomos con la verdad, y vestidos con la coraza de justicia, 15 y calzados los pies con el apresto del evangelio de la paz. 16 Sobre todo, tomad el escudo de la fe, con que podáis apagar todos los dardos de fuego del maligno. 17 Y tomad el yelmo de la salvación, y la espada del Espíritu, que es la palabra de Dios; 18 orando en todo tiempo con toda oración y súplica en el Espíritu, y velando en ello con toda perseverancia y súplica por todos los santos.

Pablo establece que no es una lucha contra hombres, mujeres, organizaciones, movimientos, los banqueros, los políticos y los medios de comunicación. Sino que lo que se mueve detrás de todos estos son "principados y potestades, gobernadores de las tinieblas de este siglo, y huestes espirituales de maldad en las regiones celestes."

Aunque, hay muchas decisiones correctas que se deben hacer en el nivel físico, es de entender que el campo de batalla principal es en el reino invisible. La única manera en que puedas ganar es aprender a utilizar estas poderosas armas espirituales en el reino invisible. Por ejemplo, la gente está molesta por toda la inflación, la comida, el terrorismo y armas de destrucción masiva, estas son todas cosas reales que no se pueden ignorar, más la verdad de todo esto es que detrás existen en las sombras y en lo oculto fuerzas de control en que los gobiernos son sutilmente influenciados por "huestes espirituales de maldad en las regiones celestes."

Ninguno de los problemas que estamos enfrentando hoy en día simplemente apareció en la escena. Ellos fueron planeados y, gradualmente, se hicieron cambios radicales a la derecha a la intemperie!

Dios no bendice la apatía, retraimiento o la ignorancia! Pero Dios es paciente. Él nos está diciendo que si nos convertimos informado y participamos podemos transformar nuestra nación y el mundo. Pero esto va a requerir un cambio radical o arrepentimiento. Si usted está siendo guiado por aquellos que están dormidos y compañerismo con los que durmieron pereceréis. Ahora es el momento de utilizar las más poderosas armas espirituales en los cielos y la tierra.

2 Corintios 10:4 *RVR60*

Porque las armas de nuestra milicia son poderosas en Dios para la destrucción de fortalezas.

Cuando estas armas espirituales son utilizados por personas que han sido capacitados por el Espíritu Santo y la Palabra de Dios, es más poderoso que cualquier arma tecnológica en la tierra.

El control mental de masas con EMF, HAARP, armas de modificación del clima, armas de destrucción masiva y otras armas que se han desarrollado en secreto no puede soportar la fuerza del poder de Dios.

El mismo poder que creó el universo y el sistema solar, la Tierra, la humanidad y resucitó a Jesucristo de entre los muertos puede ser utilizado por el pueblo de Dios en la guerra espiritual.

Cuando tú estás lleno del poder del Señor, te conviertes en mucho más que un soldado tecnológicamente mejorado o de un soldado que ha sido reforzada por la mejora genética transhumana entre el animal y el hombre. Tu eres un guerrero espiritual de los cuales el poder del Señor fluye dentro de tu vida. Dios puede sacudir todo alrededor de ti, cuando utilizas las armas espirituales que Él te ha dado para ser victorioso en estos últimos días.

"Cuando el enemigo venga, el Espíritu del Señor levantará bandera contra él."

Hoy existe una presión ensordecedora en la mente humana por la sobrecarga que produce la desorientación. Mas en medio de la batalla espiritual que Dios declara: "Tu y yo no seremos derrotados ni debilitados, Él Señor nos advierte acerca de la naturaleza multidimensional de la guerra espiritual.

1 Pedro 5:8 RVR60

Sed sobrios, y velad; Vuestro adversario el diablo, como león rugiente, anda alrededor buscando a quien devorar.

El caos no es sólo el resultado de la economía, el petróleo, la desintegración cultural y los cambios sísmicos golpeando la tierra. Dios nos revela que hay un enemigo real y fuerzas opositoras del mundo de la tinieblas que son reales y que lo intentan hacer es devorar o destruir a los seres humanos , las naciones y el mundo. Recuerda que no puedes luchar una guerra tecno-dimensional con armas terrenales. Es la voluntad de Dios que Satanás no te engañe.

2 Corintios 2:11 RVR60

Para que Satanás no gane ventaja alguna. Porque nosotros no somos conscientes de sus planes.

Existe hoy una Iglesia Remanente ascendente y que está obedeciendo a Dios sometiéndose a Él y a la obediencia de su Palabra poderosa.

Santiago 4:7 RVR60

Someteos, pues, a Dios. Resistid al diablo, y huirá de vosotros.

El llamado es resistir activamente al diablo y él huirá de ti. No estas indefenso ni solo, puedes clamar a Dios pidiendo la manifestación de su poder y Él te proveerá y te mantendrá libre. La Palabra de Dios actúa como un martillo divino y romper las cadenas del miedo que se han unido. El espíritu de temor será expulsado de tu mente y de tu vida. Dios te protegerá, recuerda solo Él es tu alto Refugio.

Las circunstancia que están viviendo en Medio Oriente y los acontecimientos en el resto del mundo son evidencias notorias de que la profecía bíblica se está cumpliendo. Satanás sabe que su tiempo es corto:

Apocalipsis 12:10 RVR60

Entonces oí una gran voz en el cielo, que decía: Ahora ha venido la salvación, el poder, y el reino de nuestro Dios, y la autoridad de su Cristo; porque ha sido lanzado fuera el acusador de nuestros hermanos, el que los acusaba delante de nuestro Dios día y noche.

Apocalipsis 12:12 RVR60

Por lo cual alegraos, cielos, y los que moráis en ellos. !!Ay de los moradores de la tierra y del mar! porque el diablo ha descendido a vosotros con gran ira, sabiendo que tiene poco tiempo.

Cuando obedeces a Dios y permites que Él te unja con su Espíritu Santo, te dará el poder para enfrentar al enemigo haciendo de ti un guerrero espiritual que puedas depender fuerza espiritual. El Señor ha dado poderosas armas espirituales que se pueden utilizar para hacer retroceder a los poderes de las tinieblas. Lamentablemente muchas iglesias no están enseñando la verdad sobre lo que está pasando y cómo participar en la guerra espiritual.

Podrá llegar desde el miedo y la opresión y ver el poder de la Palabra de Dios y de su Espíritu Santo moverse de manera especial en tu vida. Dios puede proteger tu hogar y familia.

La Biblia te advierte que no debes ser ignorante de las artimañas de Satanás. Sin embargo, muchos del pueblo de Dios no tienen idea de lo que está pasando, muchos están jugando a ser iglesia y un simple cristiano nominal.

Una de las principales estrategias del maligno y este sistema mundial actual es tratar de hacer que te sientas insignificante e impotente. Se trata de una "mentalidad de esclavos" que los hebreos tenían cuando eran esclavos de Faraón en Egipto.

¿Tienes una mentalidad de esclavo? Dios quiere renovar tu mente con su Palabra. Faraón es un tipo del Anticristo y Egipto es el sistema mundial. Dios quiere librarte de este presente sistema mundial. Muchos creyentes hoy en día se identifican más con el sistema del mundo que con el Reino de Dios. Millones son esclavos de un sistema que se está levantando con mayor fuerza llamado el nuevo orden mundial.

CAPÍTULO 14

EL REINICIO DE LA VIDA

Dios tiene diferentes formas de operar en la vida de cada ser humano. Comienza iniciando un proceso aunque el enemigo se levante para estorbar e impedir, Dios empieza y crea, o sea, esto puede ser llamado el inicio de algo, eso fue lo que hizo con el hombre, aunque en algún momento el proceso fue interrumpido por la consecuencia del pecado y la desobediencia, un plan orquestado que el diablo lanzó en el Huerto del Edén; mas en medio de todo esto Dios estableció una palabra profética, en la que llevaba implícita en sí mismo la manifestación futura del milagro de la redención. El cumplimiento de esto permitiría entonces que haya un reinicio determinado y operado por el cumplimiento de su gran promesa.

Mateo 19:28 LBLA

Y Jesús les dijo: En verdad os digo que vosotros que me habéis seguido, en la regeneración, cuando el Hijo del Hombre se siente en el trono de su gloria, os sentaréis también sobre doce tronos para juzgar a las doce tribus de Israel.

Efesios 4:23-24 NTV

23 En cambio, dejen que el Espíritu les renueve los pensamientos y las actitudes. 24 Pónganse la nueva naturaleza, creada para ser a la semejanza de Dios, quien es verdaderamente justo y santo.

Efesios 4:23-24 TLA

(23-24) Ustedes deben cambiar completamente su manera de pensar, y ser honestos y santos de verdad, como corresponde a personas que Dios ha vuelto a crear, para ser como él.

Lo que necesitas hacer entonces es que puedas aprovechar el reinicio que Dios permite en tu vida con el propósito de ser justificado por la fe y tengas paz para con Dios y que entonces recibas el milagro de la regeneración que necesitas en tu vida. Esto traerá como consecuencia el poder reflejar el plan original de Dios en ti, porque en esa regeneración tienes la activación del secreto de Dios mediante el cual te ministra vida nueva espiritual; dicho en otras palabras: naces de nuevo. La regeneración entonces, es una obra total de Dios de principio a fin; aquí no opera ninguna voluntad humana, todo es por la voluntad de Dios.

La Regeneración

La palabra Regeneración es traducida de la palabra griega */Palingenesia/*, que a su vez tiene sus raíces en */Pálin/* que significa nuevo y *Génesis* que significa creación. Esta tiene que ver con el acto de Dios por el cual Él da vida eterna, vida espiritual, vida divina y una nueva naturaleza.

La regeneración de un nuevo nacimiento

La única manera en que una persona puede tener la vida eterna es a través de poner su fe en Jesús, ya que la vida eterna es un regalo de parte de Dios, no es algo que uno se pueda ganar; el hombre por su naturaleza caída, busca sustitutos para ir al cielo, y confía más en sus buenas obras, menos en el sacrificio perfecto del Señor Jesús. Pero lo que Dios dice es:

Romanos 3:23 RVR60

Por cuanto todos pecaron, y están destituidos de la gloria de Dios.

Es importante entender que *todos pecaron*, y por causa del pecado entonces el hombre se encuentra separado de Dios y con una condenación eterna en el infierno.

Romanos 6:23 RVR60

Porque la paga del pecado es muerte…

Esa muerte significa condenación eterna en el infierno; pero inmediatamente Dios nos da la solución, y la solución es Jesús:

Romanos 6:23 RVR60

…más la dádiva de Dios es vida eterna en Cristo Jesús Señor nuestro.

El hombre tiene que reconocer que el único que puede perdonar su pecado es el Señor Jesús y no será hasta que el hombre se lo pida que obtendrá el perdón de su pecado y la salvación de su alma. Cuando una persona recibe a Jesús como su único y suficiente salvador personal tiene un nuevo nacimiento.

Juan 3:3 ^{RVR60}

Respondió Jesús y le dijo: De cierto, de cierto te digo, que el que no naciere de nuevo, no puede ver el reino de Dios.

Aquí Jesús le está diciendo a Nicodemo, quien era un hombre religioso, un hombre que era interprete de la ley, un fariseo: Nicodemo tú no puedes entrar al reino de los cielos si no naces de nuevo. Nicodemo le dijo: *¿Cómo puede un hombre nacer siendo viejo? ¿Puede acaso entrar por segunda vez en el vientre de su madre, y nacer?* Juan 3:4

Jesús le había dicho a Nicodemo que tenía que nacer de nuevo, la palabra griega usada aquí es /ánodsen/ que quiere decir "desde arriba". Nicodemo no podía pensar en otra cosa más que en un nacimiento físico, pues él no tenía la capacidad espiritual para comprenderlo.

La palabra dádiva significa: regalo. La vida eterna, entonces, es el regalo de parte de Dios, es una gracia divina, la pregunta es: ¿Cuándo comienza la vida eterna?

La vida eterna comienza al momento de recibir a Jesús como salvador personal. Es Dios dando la vida eterna al pecador salvo, a través de

Jesucristo, es la razón por la cual el salvo debe de vivir por lo eterno, no por lo temporal, no por lo pasajero.

2Corintios 4:18 *RVR60*

No mirando nosotros las cosas que se ven, sino las que no se ven; pues las cosas que se ven son temporales, pero las que no se ven son eternas.

Esta es la razón por la cual muchos no invierten en lo eterno, no sirviendo al Señor. Un salvo debe de vivir por lo eterno. Hay tres cosas que son eternas: Dios, la Palabra de Dios y el que ha creído en Jesucristo y ha sido regenerado.

2 Pedro 1:4 *RVR60*

Por medio de las cuales nos ha dado preciosas y grandísimas promesas, para que por ellas llegaseis a ser participantes de la naturaleza divina, habiendo huido de la corrupción que hay en el mundo a causa de la concupiscencia.

Tu puedes ser partícipe de la naturaleza divina. ¿Qué quiere decir esto? Que ahora eres un hijo de Dios. Ahora puedes vivir la vida cristiana porque tienes una naturaleza divina, la naturaleza de Dios y puedes hacer las cosas que agradan a Dios.

Santiago 1:18 *RVR60*

El, de su voluntad, nos hizo nacer por la palabra de verdad, para que seamos primicias de sus criaturas.

Nacer biológica y físicamente es algo que te ha sucedido, más cuando se habla de la regeneración, esta se está refiriendo a la oportunidad que Dios te da en tu vida de vincularte con la eternidad, por consiguiente estás identificándote con lo que vas a ser en la eternidad.

1 Pedro 1:3 RVR60
Bendito el Dios y Padre de nuestro Señor Jesucristo, que según su grande misericordia nos hizo renacer para una esperanza viva, por la resurrección de Jesucristo de los muertos...

En la crucifixión Jesús anuló el código de muerte, pero con Su resurrección, activó el código de vida para que puedas estar bajo sus alas y confiado que en Él tienes el reinicio que tanto necesitabas para tener vida e inmortalidad.

Colosenses 2:13 NTV
Ustedes estaban muertos a causa de sus pecados y porque aún no les habían quitado la naturaleza pecaminosa. Entonces Dios les dio vida con Cristo al perdonar todos nuestros pecados.

Lo que el Padre hizo entonces es que con la muerte de Jesús en la cruz del calvario, se abrió una puerta para todo el que en Él crea no se pierda y que tuviera vida eterna. Por lo tanto, necesitas echar todo lo que habías hecho contrario a Dios y su palabra al fondo del mar. Esto sucede cuando comprendes el reinicio que necesitas en tu vida. Esto viene a librarte de las manos opresoras del enemigo, ya que lo que él está haciendo es hacerle creer a la humanidad que puede jugar a ser Dios por medio de la manipulación genética, creyendo que pueden lograr una regeneración lo cual es totalmente falso. Esta es la razón porque la humanidad se aleja cada vez más y más de Dios porque lo que todos necesitan es el reinicio de Dios y no que el diablo esté manipulando el ADN, él no sabe con precisión exacta de que está hecha esa maravillosa escalera en forma de caracol que contiene los cromosomas con toda la información de cada ser humano; eso solamente lo puede reprogramar nuestro Señor Jesucristo a través del derramamiento de Su sangre, dando reinicio a la originalidad de la vida permanente. Esa es la razón porque Dios no necesita hacer experimentos con los seres humanos para "mejorarlos", el Creador ya sabe todo y puede cambiar lo que El desea a su voluntad como quiera.

2 Corintios 5:17 LBLA
De modo que si alguno está en Cristo, nueva criatura es; las cosas viejas pasaron; he aquí, son hechas nuevas.

Cuando alguien ha sido regenerado, ha experimentado el reinicio, es como que estuviera empezando de nuevo sin contaminación alguna, es como si el ADN estuviera siendo puesto nuevamente sin que alguien lo hubiera trastocado porque lo que encontrarás en Cristo es vida, una vida que no puede ser minimizada, por el contrario, cuando obedeces su palabra es potencializada y te conviertes en un vaso que Dios utilizará para bendición para todos los que te rodean.

Juan 6:44 *NTV*

Pues nadie puede venir a mí a menos que me lo traiga el Padre, que me envió, y yo lo resucitaré en el día final.

Juan 6:65 *NTV*

Entonces les dijo: «Por eso dije que nadie puede venir a mí a menos que el Padre me lo entregue».

Dios ha tenido tanta misericordia de tu vida que ha hecho que te rindas por completo a los pies de Cristo. No es porque hayas sido demasiado inteligente y que por eso hoy estas delante de Él; lo que ha sucedido es que has estado en el corazón de Dios Padre y Él te consideró para que fueras entregado en las manos de tu Señor Jesucristo y que tuvieras la oportunidad de ser regenerado en tu ADN y en toda tu información genética. Esto es, entonces, lo que sucede cuando el hombre o mujer responde al llamado divino, la Palabra de Dios imparte nueva vida espiritual, allí, donde el hombre, por naturaleza, ha muerto espiritualmente.

1 Pedro 1:23 *RVR60*

Siendo renacidos, no de simiente corruptible, sino de incorruptible, por la palabra de Dios que vive y permanece para siempre.

Hebreos 4:12 NTV

Pues la palabra de Dios es viva y poderosa. Es más cortante que cualquier espada de dos filos; penetra entre el alma y el espíritu, entre la articulación y la médula del hueso. Deja al descubierto nuestros pensamientos y deseos más íntimos.

El poder regenerador de la Palabra de Dios: exactamente igual a como debes tu existencia natural a la palabra hablada del Creador y al aliento de vida que insufló en ti, así también tu nuevo nacimiento se debe a la Palabra de Dios y a la activación del poder del Espíritu Santo. La intención de Dios en cuanto a tu ser creado se cumple plenamente solo cuando tu espíritu se vivifica en su presencia. Así como el pecado ha producido muerte espiritual.

Efesios 2:1-3 RVR60

¹ Y él os dio vida a vosotros, cuando estabais muertos en vuestros delitos y pecados, ² en los cuales anduvisteis en otro tiempo, siguiendo la corriente de este mundo, conforme al príncipe de la potestad del aire, el espíritu que ahora opera en los hijos de desobediencia, ³ entre los cuales también todos nosotros vivimos en otro tiempo en los deseos de nuestra carne, haciendo la voluntad de la carne y de los pensamientos, y éramos por naturaleza hijos de ira, lo mismo que los demás.

La salvación en Cristo Jesús ha provisto la vida espiritual. Dios nos ha hecho nacer de nuevo por el poder del Espíritu Santo.

Tito 3:5 *NTV*

Él nos salvó, no por las acciones justas que nosotros habíamos hecho, sino por su misericordia. Nos lavó, quitando nuestros pecados, y nos dio un nuevo nacimiento y vida nueva por medio del Espíritu Santo.

En griego significa *él nos salvó por medio del lavamiento de la regeneración y la renovación del Espíritu Santo* y te ha hecho también miembro de la nueva creación de Dios. El poder de la Palabra de Dios en Las Sagradas Escrituras se manifiesta por encima de todas las cosas en esto: da vida espiritual a todos lo que reciben su verdad.

Santiago 1:18 *NTV*

Él, por su propia voluntad, nos hizo nacer de nuevo por medio de la palabra de verdad que nos dio y, de toda la creación, nosotros llegamos a ser su valiosa posesión.

Llegas a ser una clase de primicia de sus criaturas, esto se refiere al hecho de que "la palabra de verdad" es el medio por el cual Él te dio nueva vida, enfatizando que Dios lo ha hecho así, como expresión de su propia voluntad. La voluntad de Dios para salvarte ha sido eficazmente expresada en Su Palabra, si lo crees de todo corazón, el reinicio de la vida ha llegado a ti.

Por medio de la resurrección de Cristo Jesús el ADN que fue trastocado por la muerte que entró a la humanidad por medio del pecado cometido por Adán ahora es restaurado a la inmortalidad.

1 Corintios 15:45-49 ^NTV

45 Las Escrituras nos dicen: «El primer hombre, Adán, se convirtió en ser viviente», pero el último Adán —es decir, Cristo— es un Espíritu que da vida. 46 Lo que primero viene es el cuerpo natural, y más tarde viene el cuerpo espiritual. 47 Adán, el primer hombre, fue formado del polvo de la tierra, mientras que Cristo, el segundo hombre, vino del cielo. 48 Los que son terrenales son como el hombre terrenal, y los que son celestiales son como el hombre celestial. 49 Al igual que ahora somos como el hombre terrenal, algún día seremos como el hombre celestial.

Juan 11:25-26 ^NTV

25 *Jesús le dijo: —Yo soy la resurrección y la vida. El que cree en mí vivirá aun después de haber muerto.* **26** *Todo el que vive en mí y cree en mí jamás morirá.*

Así, que, no te afanes por lo que vendrá en esta vida terrenal, más bien coloca tu mirada en las cosas de arriba donde está la vida eterna, con la confianza que vivirás y reinarás para siempre con Él. Que Dios te bendiga ricamente, ahora y siempre. Amén.

EPÍLOGO

Al concluir este libro, deseo compartir esta palabra profética que el Señor me dio en Abril del año 2013, y en base de esta palabra ha surgido la inspiración para escribir dicho tema:

Tiempos Proféticos

Este es el tiempo que voy a traer un Nuevo nivel de la revelación por medio de mi Palabra para que sea transmitida conforme a mi Espíritu, Ella producirá el resultado efectivo para la cual yo la traigo. Hay muchos que han sido debilitados porque han sido alimentados con comidas extrañas la cual Satanás los ha engañado cambiando y alterado la verdadera genética y han quebrado y trastocado el ADN de la verdad de mi palabra.

Esta es la razón por la cual miles se han convertido en seguidores de hombres, que emplean con astucia palabras adulteradas que jamás yo he revelado, porque lo que ellos proclaman no tiene semilla de vida, todo lo que yo creo y manifiesto tiene semilla de vida. Cada obra que yo hago lleva semillas para explosionar y producir el resultado, pueblo mío, comienza a discernir que todo lo que no contiene semillas no proviene de mí, solo Yo puedo crear semillas que germinen y produzcan abundancia de cosecha para seguir sembrado. Recoge y siembra vuelven a recoger y sigue sembrado. Cuanto más siembres más recogerás para que nunca falte semillas en tus manos que yo mismo te puedo proveer.

Nunca negocies ni comercialices mi verdadera Palabra, aquellos que lo han hecho en este tiempo se vuelven cada vez más dependientes de los propios sistemas en los que han caído esclavos, ay para aquellos que han querido pensar que pueden negociar con mi Gloria, utilizando unciones falsas para su propio provecho, le he dado tiempos y tiempos para que se arrepientan mas no lo han hecho, estoy a punto de intervenir y los moveré de sus falsos fundamentos, de sus falsas prosperidades y una vez más lo vuelvo a decir: sacudiré sus falsos cimientos y con ellos todos aquellos que se han confabulado con todas las estructuras de engaño.

BIBLIOGRAFÍA

Concordancia Exhaustiva de la Biblia. Strong. 2002 Editorial Caribe, Inc. Una división de Thomas Nelson, Inc. Nashville, TN.--- Miami, FL.

Blue Letter Bible. www.blueletterbible.org 2014

E--Sword. Rick Meyers. 2010. www.e---sword.net

Bible Gateway. www.biblegateway.com 2014

Collins, Francis S. *El Lenguaje de Dios.* Nueva York, 2007. Impreso.

Wikipedia: The Free Encyclopedia. Wikimedia Foundation Inc. Updated 22 July 2004, 10:55 UTC. Encyclopedia on---line.

Diccionario **Real Academia Española.** 2014. www.rae.es

1- Página # 234.
(fuente: http://www.pharyngula.org)

Made in the USA
San Bernardino, CA
02 May 2014